JE N'AI AIMÉ QUE VOUS

DU MÊME AUTEUR

LE BAL DU GOUVERNEUR, roman, Grasset, 1984.

MARIE-FRANCE PISIER

JE N'AI AIMÉ QUE VOUS

roman

BERNARD GRASSET
PARIS

à Evelyne Pisier
à Olivier Duhamel

« On ne sort de l'ambiguïté qu'à son détriment. »

CARDINAL DE RETZ.

1

Des boucles de cheveux sombres tombaient sur le carrelage noir et blanc d'une salle de bains anonyme. Les gestes de Laura Flamine étaient précis, efficaces mais empreints d'une certaine hostilité. L'homme assis sur sa chaise, devant le lavabo, avait dû le sentir. Les épaules nues, les bras croisés sur la poitrine, il avait cessé, peu à peu, de parler et ne cherchait même plus à capter son regard dans le miroir. Il semblait dormir maintenant. Son menton bleui reposait sur le haut de son torse. Quelques mèches s'étaient arrêtées sur son épaule gauche et Laura suspendit le cliquetis de ses ciseaux pour lui souffler dans la nuque un peu d'air chaud.

Le dormeur tressaillit. Il gémit vaguement et un sourire enfantin parcourut ses lèvres. Quand il ouvrit les yeux, Laura reçut dans le miroir le choc de son regard fiévreux et incertain. Il tombait de sommeil. Il était jeune. Il était sud-américain. Il disait s'appeler Miguel. Elle n'en savait pas plus.

— C'est presque fini, murmura-t-elle.

La douceur imprévue de sa voix l'inquiéta. Elle rabattit fermement la tête de Miguel sur sa poitrine et l'entendit rire. Avec un petit rasoir à lames, elle s'appliqua alors à faire disparaître de sa nuque deux longues pointes de cheveux plus doux. Il se laissait faire, confiant, indifférent. Il bâillait parfois, étirait ses longs bras mats, jouait d'une main avec les parcelles retombées de sa chevelure qui jonchaient le sol, autour de la chaise. Il prononça plusieurs fois un mot inaudible, auquel elle ne prêta guère attention. Il fallait faire vite : elle avait oublié de prendre des gants et s'inquiétait que la teinture ne colorât ses paumes en même temps que les cheveux de l'homme.

Dans le silence qui suivit, elle poussa un bref cri de terreur. La main de Miguel lui enserrait la cheville et l'obligeait à détacher un pied du sol. Elle faillit tomber, se rattrapa de justesse à ses épaules et resta en équilibre sur l'autre jambe. Il lui faisait mal. Elle avait peur. Il avait l'air très en colère. Il la fixa dans la glace et, d'un signe de tête, lui indiqua son pied, répétant, comme un ordre, les sourcils froncés :

— *Bailarina ? Baila ?*

Elle fixa avec désespoir son pied prisonnier et comprit enfin qu'il l'interrogeait sur les demi-pointes roses qui, malgré les rigueurs de l'hiver, prolongeaient son jean. D'une voix précipitée qu'elle jugea ridicule, elle bredouilla :

— Oui... non... Ça s'appelle des ballerines mais je ne suis pas danseuse.

Le type eut l'air déçu. Le cœur de Laura battait très fort. Elle se surprit dans la glace, agitant énergiquement sa tête de droite et de gauche. Elle eut le temps de se dire que la peur ne l'embellissait pas. Une autruche affolée... Mais Miguel avait relâché sa prise et elle se précipita vers le lavabo pour rincer énergiquement ses mains noircies. Il sifflotait dans son dos. Entre ses cils baissés, elle vit dans le miroir qu'il imitait rêveusement, sur sa cuisse, avec deux doigts, une danse imaginaire.

— *No baila,* répéta-t-il tristement.

Quand elle se retourna vers lui, il dormait, un bras retombé effleurant le sol.

*

Plus jamais. Elle se le jura. Plus jamais. Plus jamais elle ne leur servirait d'agent de liaison, plus jamais elle n'accepterait de refaire ces gestes complices qui transformaient le visage de ces inconnus et leur ouvraient les frontières. D'où venaient-ils ? Où allaient-ils ? Aucun d'entre eux n'avait jamais répondu. Il s'agissait, à l'évidence, d'un pays d'Amérique latine. Ils passaient parfois par Paris, un rêve les habitait qu'elle ne partageait plus. La misère et l'injustice, la souffrance et la cruauté avaient trop souvent changé de camp au fil des reportages sous ses yeux désarmés. Elle se méfiait de l'intolérance qui soulevait chacun au mot « liberté ». Les lèvres des morts ne le prononçaient plus.

Pourtant, hier encore, quand le téléphone avait sonné, quand quelques mots codés s'étaient glissés dans une phrase, malgré sa résistance nouvelle, son refus d'entendre, de décrypter le message, elle s'était retrouvée à l'heure dite, à l'endroit indiqué, prisonnière de sa mémoire.

La même douleur furtive, familière la traversa au souvenir de son amie disparue... Myriam... Myriam Dulac... C'est pour elle aujourd'hui encore que Laura recommençait ces gestes transmis et feignait une connivence qu'elle avait prise en haine. Elle n'eut pas à fermer les yeux pour voir l'image de cette femme se préciser. Ses épaules rondes... ses hanches hautes... le flot de ses cheveux clairs s'éloignant ce jour-là vers la forêt... elle, Laura, la suivant dans son viseur, rythmant sa démarche d'un déclic régulier, appuyant plus vite sur le déclencheur quand un soleil oblique avait éclairé son profil arrêté, modelé sa pommette, l'angle de sa mâchoire... son lent retournement... ses lèvres mobiles couvertes par le cliquettement de l'appareil... Et puis brusquement, rien — plus rien —, elle avait disparu... Quand Laura avait baissé les bras, démasqué son visage étonné, il ne restait dans la clairière que l'écran vert des arbres tropicaux. Croyant à un jeu, elle avait continué de mitrailler jusqu'à ce que le mécanisme s'enraye. Myriam n'était pas réapparue et, dans le cadre tremblant de lumière blanche, aucune feuille n'avait bougé. Après avoir patienté des heures sous la canicule, Laura était rentrée hébétée au village voisin. A l'hôtel, une lettre de Myriam l'attendait, qu'elle se rappelait par cœur :

Laura,

Trois ans bientôt que nous sillonnons le monde ensemble. Trois ans qu'à vos côtés j'aligne des phrases qui n'ajoutent rien à ce que vous montrez : l'horreur, l'intolérance partout... Un esprit sain s'accrocherait à des idées de compromis. Je vous fais juge de mon état : je vais suivre la route des derniers illuminés que nous avons côtoyés. Je dépose sur votre front mon dernier baiser de paix. Prenez soin de vous et des miens. Je ne reviendrai pas.

Sainte Myriam.

Étrangement, personne n'avait semblé s'étonner de la décision de Myriam. Dans les journaux auxquels elle collaborait, des articles secs ou bienveillants insistèrent sur l'aspect presque logique, inévitable de son geste. Chez elle, dans sa famille, son mari et sa fille pleurèrent avec l'air soulagé des gens que menace depuis longtemps une nouvelle douloureuse et prévisible. Seule Laura relut des centaines de fois, jusqu'à son ironique signature, cette lettre qu'elle continuait de trouver mystérieuse. Jamais cette femme, Myriam Dulac, brillante essayiste et grand reporter que tous les journaux s'arrachaient, ne lui avait semblé susceptible d'une fuite aussi exemplaire, qui prenait avec le temps des airs de suicide. Et chaque fois qu'elle se rappelait le mur vert de la forêt tropicale, le bruit de l'appareil photo se transformait en fusillade. Depuis, elle le maniait avec méfiance, s'en servait le moins possible, lui octroyant confusément un pouvoir meurtrier.

Elle eut envie de se ruer sur Miguel, de le battre, de l'obliger à lui répondre : où était Myriam ? Comment allait-elle ? Quand reviendrait-elle ?

Elle se rappela alors la force du jeune homme, sa main sur sa cheville, et son incapacité à parler un français qu'il comprenait mal ou feignait de ne pas comprendre. Le nom de Myriam, de toute façon, ne semblait rien évoquer pour lui. Il avait eu, quand elle l'avait prononcé, un geste vague d'impuissance. Comme les autres…

Elle se passa de l'eau sur le visage et le cou, l'éclaboussant au passage. Il ne broncha pas. Sa poitrine s'écartait doucement. La ceinture de son pantalon était desserrée, sans doute pour mieux respirer, mieux supporter cette longue station assise. Laura fixa, fascinée, le duvet sombre qui s'ouvrait un chemin sous son nombril. Elle se répéta que plus jamais… qu'elle était jeune… qu'elle devait lutter contre l'engourdissement qui l'avait saisie ce jour fatidique… Elle décida d'en finir au plus vite et de raccrocher au premier mot du code. Pleine d'une énergie nouvelle, elle courut dans la pièce à côté. Miguel dormait toujours.

*

Le studio, loué par les soins de la voix inconnue, sentait bon le neuf : poutres apparentes, peinture fraîche, murs blancs, vaste lit recouvert d'un plaid orange ; dans la minuscule cuisine elle trouva, comme chaque fois, le matériel nécessaire au développement des photos qu'elle devait prendre du nouveau visage de ses « protégés ». Elle s'empara du passeport que Miguel lui avait remis et, avec une lame de rasoir, décolla minutieusement le portrait de son propriétaire. Elle interrompit ainsi le chiffre poinçonné qui, reliant l'image au passeport, l'authentifiait. Elle s'assura de la présence dans sa poche d'une seringue avec laquelle elle allait recréer une partie du chiffre perforé sur la nouvelle photo.

Elle entendit, venant de la salle de bains, des bruits d'eau et des jurons, Miguel ne dormait que d'un œil. Il avait calculé lui-même le temps d'application de la teinture et se rinçait abondamment. L'habitude, sans doute, de changer de couleur comme de pays...

Elle arma son appareil et attendit.

Il ne tarda pas à apparaître, vêtu d'un costume sombre, d'une cravate au nœud trop lâche qu'elle lui ajusta, en lui indiquant un mur devant lequel se poster. Elle décrocha un tableau dans son dos et cadra le visage de Miguel dans le rectangle jauni qu'il laissa sur le mur. En faisant le point, elle se sentit faiblir. Sans le volume de ses cheveux savamment éclaircis, l'ossature de son crâne, la douceur de ses traits étaient presque enfantins. Elle prit un ou deux clichés, d'une main si tremblante qu'elle dut s'arrêter. Chaque fois le déclic, ce petit choc sonore, semblait l'envoyer à la mort.

Miguel portait sans cesse la main à sa bouche. Apparemment, il se résignait mal au sacrifice de sa moustache. Elle ne put s'empêcher de sourire et fut surprise de l'éclair de haine qui passa dans l'objectif. Elle abaissa son bras et ils se mesurèrent en silence. Tout à coup, il détacha la main de son visage et un fou rire complice, tourbillon de gaieté, plissa ses yeux, ouvrit ses lèvres brunes. Belles dents, pensa Laura, en luttant contre l'émotion... Belle peau... Ceux qui voyagent sont plutôt mieux nourris que les autres.

*

Dans la pénombre rouge du laboratoire de fortune, elle déchargea le petit rouleau de pellicule en se demandant si, un de ces jours, elle allait retrouver son visage dans les pages d'un journal. Mort. A l'autre bout du monde.

Une fois, elle en avait reconnu un. Il gisait au milieu d'un groupe d'hommes en treillis vert, le corps criblé d'impacts, les yeux grands ouverts. Elle avait eu du mal à le reconnaître et s'était étonnée de ne rien ressentir. Le lendemain, elle était clouée au lit avec quarante de fièvre. Le médecin avait diagnostiqué une forte grippe. Elle délirait. Plus jamais... plus jamais... D'ailleurs, elle ne lirait plus les journaux...

Les photos de Miguel apparurent lentement dans la cuvette du révélateur. Elle en choisit une au hasard qu'elle découpa. Le travail minutieux de la seringue commença. Lui, à côté, ne bougeait pas. Il devait surveiller, par la fenêtre, l'arrivée d'une voiture. Elle colla la photo à l'emplacement réservé et inspecta son travail. Elle était devenue très experte : le chiffre s'était parfaitement reformé. Elle n'eut pas la curiosité de regarder le nouveau nom de Miguel.

Plus jamais... Elle se sentit légère en retournant vers lui. Elle voulut lui tendre le passeport mais, au premier coup d'œil dans le studio, ne le trouva nulle part. Il était assis par terre, derrière le lit, et lui faisait signe en agitant un mouchoir informe.

— *Venga... Venga.*

En approchant, elle constata qu'il cachait quelque chose contre le sol. Il insista pour qu'elle s'agenouille près de lui et retira sa main d'un geste emphatique de prestidigitateur : un court collier d'émeraudes roula sur la moquette sable. Il prit sans doute son expression stupide pour de l'admiration car il se mit à rire en répétant :

— *Magnifico, muy caro ! Como no ! Magnifico !*

Il essaya de passer le collier autour de la cheville de Laura, au-dessus de sa ballerine. Mais elle bondit en arrière, trébucha, tomba sur le sol et se releva enfin, rouge de peur et de colère.

Miguel regardait avec étonnement : elle... le collier dans sa main d'homme... elle à nouveau. Il sembla comprendre tout à coup et un sourire confus, vaguement apitoyé, étira ses lèvres : non, le collier n'était pas pour elle... elle devait le vendre... l'échanger... leur mouvement avait besoin d'argent... on lui téléphonerait pour reprendre contact... Comme elle refusait énergiquement de le prendre, il déposa l'objet sur le sol et, en se relevant, ajouta que ce n'était pas un collier volé, qu'elle se rassure, qu'on leur en avait fait don, un sympathisant,

— *... como tú.*

Elle cria de toutes ses forces qu'il se trompait, qu'elle n'était pas une sympathisante, que jamais, plus jamais. Mais il ne l'écoutait plus et, après s'être approché de la fenêtre, il arracha le passeport des mains de Laura et s'éloigna vers la porte. Il revint cependant sur ses pas, la souleva dans ses bras et murmura à son oreille :

— *Gracias, bailarina...*

Quand elle reprit son souffle et ouvrit les yeux, la porte se refermait.

Laura fit de l'ordre machinalement et ses pas d'automate la conduisirent vers le tableau décroché posé le long du mur. Prenant cette fois le temps de le détailler, elle fut troublée par l'impression de volupté qui s'en dégageait : une femme, de dos, se cambrait dans les bras d'un homme qui l'enlaçait... Ouvrant lentement les bras, elle saisit le cadre par les deux bords, et le suspendit au mur. Elle resta ainsi de longues secondes les bras en croix, arquant sa tête sur la gauche pour mieux prendre la place de la silhouette féminine. Elle sentit sur sa joue le froid net de la vitre qui protégeait l'étreinte du couple. En se retournant, elle vit au pied du lit, sur la moquette sablonneuse, la pâle lueur du collier.

2

Dans la lumière de l'hiver, elle marcha vers le fleuve sans se retourner, visage de proue, cheveux flottants. Ça faisait partie des ordres. C'était le moment que d'habitude elle préférait et redoutait. Ne pas donner l'éveil, avait dit la voix au téléphone, ne pas avoir l'air de soupçonner une filature, que sa crainte susciterait. Jusqu'au fleuve, nonchalante, sans se retourner. Se plier à cette contrainte, c'était pour Laura retrouver un jeu familier. Elle laissait monter en elle une peur vague, venue de l'enfance, si troublante qu'elle en oubliait la réalité, l'improbable filature, tendue vers un souvenir fuyant qu'elle s'ingéniait à préciser.

« Laura, retourne-toi !... » lui criait la voix lointaine de son frère.

Du mythe d'Orphée évoqué par le professeur de français, ils avaient dérivé vers un jeu rituel qui posait un interdit : ne pas se retourner malgré les injonctions de la malheureuse Eurydice qui souffrait mille morts. Sur le chemin de l'école, le long de l'allée des Citronniers-Géants, ils marchaient l'un derrière l'autre et se défiaient âprement : « Laura ! Laura ! retourne-toi, je saigne, inventait Jérôme. Je vomis du sang, ne me laisse pas, un vautour m'attaque, j'entends ses ailes, au secours ! Il me dévore… J'en ai marre, marre. Je suis un garçon, je ne veux plus faire Eurydice, on change les rôles. Dis, on change les rôles ? »

Parfois elle cédait. Elle ralentissait et son frère jumeau, radieux Orphée aux pieds légers, la dépassait et prenait devant elle l'allure farouche, le pas martelé qu'un détail atroce, surprenant, devait enrayer. « Chacun son tour », disait-il dans un souffle, d'une voix troublée. Lui aussi raffolait de ce jeu singulier.

Après avoir goûté, tour à tour, mille variétés d'agonies, ils avaient décidé d'élargir les règles : toutes les ruses étaient possibles désormais, on pouvait tout inventer, le seul impératif restant d'obliger l'autre à se retourner par la seule force des mots.

« Juste ciel, Jérôme, tu as mal fermé ton encrier, ton cartable tressaute sur tes épaules. L'encre, goutte à goutte, noircit le bas de ton short, c'est une catastrophe, retourne-toi, cette tache sur ta peau ne partira plus, tu es marqué pour la vie… »

Sans même un haussement d'épaules, Jérôme passait outre : « Nulle, tu es nulle, ma pauvre fille », raillait-il de sa voix insolente.

Un jour pourtant, la simple description de son dos d'adolescent — « Je te vois, Jérôme, tu es nu tout entier, je vois tes reins, tes hanches qui bougent et ouvrent tes fesses rondes… » — sembla le laisser moins indifférent. C'était clair au rythme de ses pas qui se faisaient irréguliers. Elle se rapprocha de lui, la bouche près de son oreille, renchérissant sur la raie sombre qui divisait sa croupe, sur sa verge d'enfant qui se métamorphosait peu à peu sous ses yeux inventifs. Jérôme baissait la tête, de façon imperceptible, mais continuait sa route. Elle s'éloigna de quelques pas et cria quand l'approche d'un écolier pressé rendit le jeu plus tendu encore : « Que se passe-t-il ? Ta queue monte vers le ciel, elle ne t'obéit plus. Tu bandes, Orphée, tu bandes ! »

Jérôme s'était arrêté, mais il ne se retournait pas, il hoquetait de rire, plié en deux, les mains sur son sexe qu'il semblait protéger des descriptions de sa sœur. C'était une demi-victoire.

Laura le doubla avec morgue et marcha devant lui, tête haute, convaincue de résister aux assauts de sa voix.

Mais quelques jours plus tard, Jérôme avait gagné. Une victoire étrange, inattendue. Sa bouche malhabile, plus pudique, avait tenté de décrire à son tour le corps de sa sœur et puis, brusquement, il avait renoncé : « Je ne te vois pas. Je ne vois rien. »

Et il avait opté pour le silence, un long silence, étouffant jusqu'au bruit de ses pas, plongeant la petite fille dans une angoisse incontrôlée. La voix chuchotée de sa mère, chez la buraliste, la grosse Windy Potte, lui revenait : « Des jumeaux, c'est si lourd à porter, je me serais contentée d'un garçon. Et puis, le sexe des petites filles, c'est un peu, un peu... gênant, vous ne trouvez pas ? »

La gentille Windy s'était esclaffée et Laura avait

reçu, dans son tablier ouvert, avec les gitanes attendues, quelques malabars consolateurs.

— Je ne vois rien, insista Jérôme, d'une voix boudeuse. Rien du tout. Tu es invisible.

D'un seul coup, elle s'était retournée et ils étaient restés face à face, pétrifiés. Le rire triomphant de son frère s'était tu sur ses lèvres d'enfant. Il avait lu dans ses yeux un tel égarement qu'il avait compris qu'un rêve épouvanté l'avait vaincue — jumelle vacillante, main gelée dans la sienne, dont il devait soudain guider le pas d'automate. Au bout de quelques mètres, elle avait murmuré « Jérôme » d'une voix si lointaine, si suppliante, qu'il avait fondu en larmes et s'était jeté dans ses bras. « Je suis là, je suis là, Laura. On n'y jouera plus, n'aie pas peur. Je te voyais, tu sais, je te vois. C'était une blague. »

Ils étaient restés longtemps pressés l'un contre l'autre. Sur leurs épaules, le balancement lent de leurs deux cartables identiques les faisait semblables à une monstrueuse bête à deux dos. Leurs plaintes psalmodiées, hoquetées, les disaient, longuement, pour toujours, inséparables.

*

Jérôme était mort.

Laura avait quitté la Réunion où ils avaient passé leur longue adolescence. Elle allait les inscrire tous deux en faculté et Jérôme devait la rejoindre un mois plus tard avec leurs parents. L'avion n'était jamais arrivé. Un moteur avait pris feu et il s'était écrasé dans l'océan Indien. Aucun des trois corps chéris par Laura, fantasmés par elle au-delà du possible après ce long mois de séparation, n'avait été retrouvé. Plus rien, nulle trace. Les années avaient passé. Laura n'y pensait plus, sauf la nuit toujours, et quelquefois le jour quand elle s'y appliquait, comme cet après-midi d'hiver, en marchant vers le fleuve, sans se retourner. La crainte d'une trahison, d'une filature policière, d'un guet-apens, elle la surmontait, dans ce souvenir malade qu'elle ravivait chaque fois en se pliant à cet ordre léger et menaçant : « marcher vers le fleuve sans se retourner ».

*

Elle était arrivée. Elle descendit le long d'un pont majestueux qui enjambait la Seine et s'approcha de l'eau. Elle se pencha rapidement, vit une image fugitive, la sienne, que la clef du studio clandestin, en atteignant la surface liquide, brouilla en larges cercles scintillants. Marcher vers le fleuve, sans se retourner, y jeter la clef du studio, c'étaient les ordres. C'était fait. Pour la dernière fois.

En remettant la main dans la poche de son manteau qu'un vent léger soulevait, Laura sentit au bout des doigts le contact du collier. Elle le sortit lentement et le tint au-dessus du vide. A la surface du fleuve, son image mouvante réapparut lentement et elle attendit, pour la voir se fixer, quelques secondes de trop. Le sifflement amusé d'un promeneur la fit se raviser. Elle cacha le collier dans son poing serré. Quelques pierres en dépassaient. Le promeneur s'était accoudé près d'elle. Elle vit son profil aigu, sans âge, ses lèvres gercées, ses yeux vifs. Il souffla sur sa joue une haleine avinée.

— Donne-le-moi, ma cocotte, si tu n'en veux pas.

Laura, dans sa fuite, eut le temps de l'entendre crier :

— Salope ! Sale putain !

Il lui lança une pierre qui ne l'atteignit pas et précéda de quelques pas sa course régulière.

3

Quand Laura pénétra dans le bistrot de la place Maubert, face au siège de *la Comète,* elle était essoufflée et vaillante. Elle fut happée par un joyeux brouhaha qui ne la troubla pas. Une vingtaine de journalistes finissaient de déjeuner et commentaient d'une table à l'autre leur trentième numéro sorti le matin même : *la Comète* venait de passer un cap et c'était une victoire qu'ils arrosaient copieusement. La patronne trônait derrière son bar, triturant un exemplaire du journal et ne cessant de marmonner qu'ils avaient des « couilles à l'encéphale » mais que tout ça n'allait pas durer.

Laura bouscula quelqu'un, renversa son sac qui se déversa sur le sol, fut aidée aussitôt par quelques interjections chaleureuses, quelques mains aimables, trop insistantes pour être vraiment charitables, et sans un regard, sans un remerciement, demanda à la patronne :

— Un café. Un jeton.

Le téléphone, indiqué d'une main nonchalante, était rivé au comptoir et Laura composa, d'un air concentré, les huit chiffres de son numéro. Les regards amusés qui suivaient ses gestes sages se figèrent quelque peu quand elle dit clairement :

— Allô ! *La Comète ?* Je suis bien à *la Comète ?*

Elle ne prit pas garde à l'esclaffement de la patronne qui lui apportait son café, ni au ralentissement des conversations dans son dos, ni même aux quelques « Chut ! » qui fusèrent à droite et à gauche. Elle expliqua à la secrétaire qu'elle s'appelait Laura Flamine, qu'elle avait posé sa candidature, envoyé un dossier, des articles, qu'elle avait rendez-vous avec Simon Sandman, le responsable du service, qu'elle était en retard mais qu'elle serait là dans cinq minutes.

— Ah ! Il n'est pas encore de retour. Tant mieux, j'arrive.

Des rires retentirent, sans éveiller son intérêt. Quand elle s'élança vers les toilettes, un homme d'une trentaine d'années, en jean et pull noir, l'œil aigu et amusé, commença de rassembler ses affaires.

— Dépêche-toi, Simon. Il doit déjà y avoir foule devant ton bureau, veinard.

Quand la porte des toilettes s'ouvrit à nouveau, penchée sur son poudrier, Laura n'eut pas un regard pour eux. Une vague de stupeur, entrecoupée bientôt d'applaudissements discrets et de sifflements admiratifs, l'accompagna jusqu'au comptoir où elle but rapidement son café : elle était complètement transformée ; jean, chandail et ballerines avaient disparu dans le sac qu'elle portait toujours en bandoulière. Perchée sur des escarpins, moulée au plus près dans une robe de lainage blanc largement ceinturée, elle était provocante de beauté. Sa bouche, trop dessinée, était si luisante qu'elle laissa son empreinte sur la tasse de café.

Le regard des hommes s'était durci ; elle semblait trop sûre d'elle. Et puis, malicieux et cruel, le groupe se ressouda, chuchota, se donna le mot et, affectant une soudaine indifférence, l'attendit, l'entoura et l'accompagna dans sa traversée de la place vers le journal, vers ce rendez-vous pour lequel elle semblait prête à toutes les complaisances.

Quand elle arriva dans le hall de l'immeuble, certains s'enhardirent à lui préciser :

— *La Comète,* c'est au sixième, on vous attend.

Et tous de s'élancer dans l'escalier, à l'exception du long jeune homme brun qui la suivit dans l'ascenseur, la rattrapa d'un geste bref quand l'ébranlement de l'appareil la fit trébucher. Dans ses yeux sombres et plissés, en quelques secondes elle reconstitua la scène du café et comprit qu'ils avaient tous assisté à sa métamorphose, jaugé son cynisme et sa duplicité. Elle sentit sa gorge se contracter, ses joues s'empourprer.

Le jeune homme en face d'elle ne souriait pas, ne manifestait qu'un vague intérêt ; il était plus grand qu'elle : elle devait lever le visage pour bien le voir. Elle le trouva beau et pâle, son cou étonnamment blanc dans l'échancrure de son pull noir, là où une veine palpitait. Il ne parlait pas, ne la quittait pas des yeux.

— Vous êtes Simon Sandman, énonça-t-elle dans un souffle.

Il ne répondit pas et ils continuèrent leur ascension prisonnière. Comme une volée d'oiseaux piailleurs, les figurants de cette farce entouraient du bruit de leur course et de leurs silhouettes gesticulantes la cage de l'ascenseur où le couple immobile se faisait face. Simon Sandman ne bougeait pas et s'en étonnait : il savait que d'un mot ironique, d'un geste précis — décidé avec ses camarades —, il aurait dû dramatiser un instant la situation, s'emparer de ces seins trop tendus, de cette taille trop sanglée, de ce corps trop offert, recevoir une gifle en retour, déclencher des larmes, consoler la malheureuse et lui expliquer gaiement que tout ça n'était pas grave, assez banal et sans influence sur le boulot qu'elle allait sûrement décrocher. Mais bizarrement, il ne s'y décidait pas. Il était troublé, fasciné par la montée de l'humiliation sur le visage de cette très jeune femme. Il ne put que lui dire d'un air pensif qu'il n'arrivait pas à savoir s'il la préférait en robe ou en pantalon.

— Mais je suis très touché, ajouta-t-il gravement.

La bouche de Laura s'était entrouverte. Ses sourcils se rapprochaient légèrement en se haussant, creusant sur son front un sillon tendre sous les boucles brunes. Elle non plus ne le quittait pas de ses grands yeux gris. Ses cils, qu'elle n'avait pas eu le temps de maquiller, tremblaient un peu quand, à chaque étage, quelqu'un frappait sur la porte de l'ascenseur pour encourager Simon à l'enlacer, à lui donner la leçon qu'elle méritait.

Mais lui, toujours immobile, passait d'un œil de Laura à l'autre, guettant en vain une larme. Il se dégageait d'elle une force immature d'animal aux aguets, une tension si dévorante qu'il se sentait en retour vidé.

L'ascenseur était arrivé. Et tandis que des ovations les saluaient, elle dit très distinctement :

— Maintenant que je vous vois, je sais que vous l'auriez découvert.

— Quoi ? demanda-t-il, en luttant contre ses amis pour maintenir fermée la porte de la cabine.

Quand l'ascenseur repartit dans l'autre sens, elle ne le regardait plus. Ses joues avaient perdu leur teinte pourpre. Elle semblait plus calme, presque indifférente à une situation qui la bouleversait un instant plus tôt.

— Qu'est-ce que j'aurais découvert ? s'entêta-t-il.

— Que je suis une voleuse...

Elle eut vers lui un regard rapide, un sourire qui voulait atténuer l'indécence de cet aveu. Elle enchaîna calmement :

— L'article que vous trouverez dans mon dossier et que je vous ai envoyé, je l'ai recopié dans des papiers qui ne m'appartenaient pas. Je l'ai volé.

Il était tellement abasourdi qu'il la retint mal quand l'ascenseur s'arrêta. Elle lui échappa.

— Revenez, c'est trop bête, cria-t-il.

Il ne vit que des mollets ronds qui fuyaient sur des talons trop hauts. Il rit malgré lui car le staff de *la Comète,* au sixième, avait entonné à son intention une chanson : « ... l'aura, l'aura, l'aura, l'aura pas ? »

Il se rappela son prénom. Elle l'avait dit au téléphone. Il le prononça plusieurs fois : Laura. Il fut heureux d'y associer son visage, de mettre un nom sur son visage. Le dossier était quelque part là-haut, il le retrouverait facilement. Il se sentit soulagé et l'oublia.

4

Au bas du seul immeuble moderne de cette large avenue où les façades grises se succédaient, Laura crut s'être trompée. Elle allait faire demi-tour quand son regard fut attiré par une plaque grise et carrée, scellée dans le mur par quatre clous argentés. Des lettres noires, largement espacées, indiquaient : « DOCTEUR MICHEL DULAC. CHIRURGIEN PLASTICIEN. 2e ÉTAGE. »

Laura hésita à appuyer sur le bouton correspondant. Chaque fois qu'elle avait téléphoné, une voix anonyme, à l'énoncé de son nom, l'avait éconduite.

Elle prit son élan et ses talons claquèrent sur les escaliers de marbre. Elle vit surgir une silhouette sans visage qui la bouscula en descendant. Sous le foulard hâtivement noué, une gaze blanche entourait au plus près la tête et ne laissait voir que des yeux obliques. Elle reprit son souffle derrière la large porte palière : « CABINET MÉDICAL. SONNEZ ET ENTREZ »... Laura se retrouva dans une antichambre blanche, devant le bureau d'une secrétaire blonde, austère et ravissante. Son regard réprobateur glissa sur les escarpins trop hauts, les bas trop noirs, le manteau démodé, étroitement ceinturé, la bouche trop maquillée.

— Vous avez rendez-vous ? Vous êtes madame... ?

— Je suis une amie du docteur. Je voudrais lui faire une surprise. Je suis sûre qu'il me recevra tout de suite.

La jeune femme fronça son joli nez.

— Il n'en est pas question, trancha-t-elle en lui installant une chaise contre un mur, en face d'elle.

Dans le silence qui s'installa, Laura par provocation fit crisser ses bas noirs en croisant et décroisant les jambes. Quand la porte capitonnée s'ouvrit, la jeune femme se leva d'un bond et enveloppa Laura d'un regard inquiet, presque suppliant. Une dame d'une cinquantaine d'années, élégante et bronzée, se retournait sur un homme à la carrure imposante, au profil de Viking, qui la suivait en souriant.

— Cet accident était inespéré... Ce gamin qui se traînait partout galope maintenant comme un cabri. Et les cicatrices ne se voient presque plus. Vous êtes un magicien, mon cher Michel.

— Vous exagérez comme toujours, chère amie. Vous oubliez que les brûlures sont ma spécialité.

Laura nota qu'il avait maigri, que ses traits étaient tirés mais qu'il semblait gai. Elle entendit avec émotion monter son rire sonore et indécis quand la dame persifla sur les « brûlures du cœur, bien entendu !... »

Michel l'aperçut. Il ne cilla pas. Son regard glissa sur elle.

— Viens, Laura, dit-il simplement. Faites patienter, mademoiselle.

Laura rencontra pour la première fois une expression aimable sur les traits de la secrétaire : elle lui souriait franchement, rassurée de ne pas s'être trompée... Sur quoi ? Tandis que la porte se refermait, elle l'entendit répondre avec application au téléphone :

— ... Non, le docteur est très occupé. Je ne peux pas le déranger pour l'instant.

Elle eut la sensation désagréable que la jeune femme avait dû faire face à des intrusions vulgaires plus souvent qu'il n'y paraissait... Michel Dulac était un homme si séduisant ! Elle se délectait de la banalité de cette phrase pour lutter contre l'émotion. Après de longues secondes, elle finit par balbutier :

— Non, je n'ai pas de nouvelles... Et toi ?

Il chassa la question d'un mouvement d'épaules agacé. Sa poitrine se souleva et il expulsa, en desserrant les lèvres, un souffle rauque qu'il camoufla en toux. Myriam, toujours Myriam. C'était la guerre. Ils partageaient un fantôme.

Yeux mi-clos, il suivait chacun de ses gestes tandis qu'elle faisait glisser son écharpe, ouvrait le haut de son manteau. Il avait cette expression aiguë qu'elle aimait. Elle se dit qu'elle aurait voulu embrasser chacun des os qui tendaient la peau de son visage.

— Qu'est-ce que c'est ? questionna-t-il très vite en désignant le collier qu'elle portait autour du cou.

Elle tenta une voix indifférente :

— Rien. Un cadeau.

— Compliments.

Il rit et regarda sa bouche rouge dont elle n'arrivait pas à contrôler le tremblement. C'était agaçant.

— Tes photos ne te suffisent plus, tu te fais entretenir ? Qu'est-ce que c'est que cet accoutrement ? A quoi joues-tu ? Que cherches-tu ?

Le combat s'était engagé, feutré. Elle ouvrit davantage son manteau sur sa robe moulante et se dit qu'il l'aimait trop pour supporter longtemps sa provocation.

— Je cherche à te plaire, tu le sais bien. Je veux te revoir. Je veux que tu me prennes dans tes bras. Je ne supporte plus de t'appeler en vain, d'entendre la voix de ta secrétaire ou celle de ta fille…

— Je t'ai interdit d'appeler Camille, siffla-t-il.

— … me dire que tu n'es pas là, jamais. Jamais.

Et elle se mit à pleurer en se disant que, pour l'instant, son chagrin soulevait ses seins, mais que dans cinq minutes elle serait affreuse. Sans baisser la tête, elle cacha son visage derrière ses mains. Elle n'arrivait pas à savoir si elle souffrait réellement. Il lui semblait bien que oui, au son de sa voix. Elle lâchait sans suite, sans ordre, des mots longuement préparés.

— Un nez plus droit, une bouche plus fine, un front plus haut, des yeux plus bleus…

Elle vit, entre ses doigts, qu'il avait compris et qu'un pli amer se formait au coin de ses lèvres. Il jeta un regard sur le bureau où Laura avait reconnu tout de suite, dans un cadre clair, Myriam, jeune fille, une raquette à la main. Elle n'eut aucun mal à redoubler de larmes. Maintenant elle suffoquait de chagrin.

— … Change mon visage, Michel ; prends ton scalpel et toute ta ferraille, et change-moi. Je voudrais tant lui ressembler, je n'y arrive pas…

Il fit le tour de la table et elle se leva sous la pression de ses mains. Il détacha les paumes de son visage et la regarda gravement, sans sourire.

Elle en profita pour enserrer sa taille, les doigts passés sous sa veste contre la soie de la chemise. Elle rapprocha son ventre du sien et il sembla céder. Elle sentit ses mains chaudes qui soulevaient ses cheveux, entouraient sa nuque.

Elle connaissait son corps. Ils avaient fait l'amour plusieurs fois. A l'hôtel toujours et dans l'après-midi, comme des tricheurs insouciants et comblés. Mais depuis qu'elle était revenue seule, sans Myriam, il avait évité de la revoir. Elle l'avait d'abord compris puis refusé. Elle l'entendit qui murmurait :

— Moi non plus, Laura, je n'arrive pas à l'oublier.

— Je le sens bien, ironisa-t-elle, en se serrant plus près encore.

Il sourit malgré tout, mais quand elle essaya de descendre le long de lui, sa poigne l'arrêta :

— Assez, Laura. Assez, bon Dieu !

Il était blême. Il la maintint debout, tirant ses cheveux en arrière, frottant rudement son rouge à lèvres et les traces brunes de ses larmes séchées.

— Regarde-toi. Quelle allure tu as ! C'est lamentable. Où est la jeune femme énergique que Myriam aimait ? Elle n'aurait pas voulu te voir ainsi. Devant moi.

— Qu'est-ce que tu en sais ? lança-t-elle rageusement sans réfléchir.

A sa grande surprise, elle le vit tressaillir et scruter ses lèvres comme s'il venait de s'en échapper un secret qu'il était seul à pouvoir déchiffrer. Il hocha la tête plusieurs fois et finit par lui signaler, d'un ton d'évidence, que c'était l'anniversaire de sa fille.

— Viens, ce soir, vers neuf heures. On t'attendra.

Il la lâcha si brusquement qu'elle cria que non, qu'elle ne viendrait pas, qu'il n'avait rien compris, qu'elle avait seulement besoin de... de... Elle ne savait plus de quoi. Mais lui regardait ailleurs, d'un air intense et absent. Il fixait sans le voir, dans un coin de la pièce, un tabouret tournant vers lequel étaient braqués trois projecteurs sur pied, éteints. Elle l'imagina soudain penché sur le visage d'une patiente dont il découvrait peu à peu les plaies en déroulant un long ruban de gaze blanchâtre, taché de pus et de sang. Dans un sursaut de dégoût, elle s'enfuit.

5

Elle ne put attendre neuf heures et n'osa pas sonner tout de suite. Elle s'assit sur les marches de l'escalier et s'adossa au mur. Derrière la lourde porte d'entrée l'appartement restait silencieux, mais Laura n'arrivait pas à se calmer. Il lui semblait qu'à travers un œilleton invisible quelqu'un orientait vers elle le petit viseur circulaire dont elle connaissait le maniement discret…

La première fois que Myriam l'avait raccompagnée sur ce palier, Laura, intimidée, n'avait su comment la remercier : elle était engagée comme reporter pour couvrir son prochain voyage au Liban… C'était une chance inespérée et, ignorant sa main tendue, elle l'avait brusquement embrassée. Myriam avait souri et, dans un silence un peu gêné, elles avaient attendu ensemble l'ascenseur. Mais un homme en était sorti et Laura s'était redressée sous ses yeux insistants… « Michel Dulac, mon mari… Laura va travailler avec moi », avait annoncé Myriam d'un ton neutre en la poussant vers la porte grillagée.

Le nouveau venu avait enveloppé sa femme d'un regard rapide qui s'était arrêté sur l'épaule de Laura.

La main de Myriam s'en était détachée aussitôt. D'un ton extrêmement courtois, il l'avait priée de rester dîner. « Il est tard, vous devez mourir de faim, et si vous êtes libre vous nous feriez plaisir, n'est-ce pas ? »

Les poings dans les poches de sa jupe, un sourire discret aux lèvres, Myriam avait approuvé. Laura ne se rappelait plus ce qu'elle avait bredouillé pour n'avoir pas l'air d'accepter trop vite. Elle se souvenait simplement que Camille avait fait irruption sur le pas de la porte, proclamant qu'elle, en tout cas, crevait de faim. Depuis quand était-elle là ?... Épiait-elle derrière l'œilleton ?

Ce soir encore ? Laura bondit sur ses pieds et enfonça le bouton de la sonnette. L'enfant mit du temps à arriver, ses pas traversèrent le couloir. En ouvrant la porte, elle ne manifesta aucune surprise.

— Papa n'est pas encore rentré, lui dit-elle en l'embrassant — tout juste haussée sur la pointe des pieds pour atteindre les joues de Laura.

Elle avait grandi. Elles avaient presque la même taille maintenant. Laura ne pouvait détacher le regard de ses traits d'adolescente, métamorphosés en six mois plus qu'il n'était concevable et dérivant au plus près vers ceux de sa mère. Ses yeux surtout, si bleus, si clairs. Les lèvres délicatement ourlées... Les boucles blondes... La silhouette plus svelte, affinée et arrondie à la fois...

— Viens, l'entraîna Camille, on va se préparer. Tu as l'air crevée, tu travailles trop.

Laura ricana.

— Bon, reprit l'enfant, pas assez alors, c'est pareil.

Le ton était tendre et indifférent.

Laura la suivit dans cet appartement qu'elle connaissait par cœur, où elle avait passé le plus clair de son temps ces trois dernières années, quand elle n'était pas en reportage avec Myriam. Elle s'efforçait de ne rien ressentir et ne manifesta aucune émotion quand Camille, lui indiquant d'un geste la porte fermée du bureau de Myriam, lança, négligemment :

— Tout est pareil. Mais là-bas on n'y va plus. Louise, vous rajouterez un couvert.

La femme de chambre, sur le seuil de l'office, se précipita dans la cuisine, sans doute pour annoncer le retour de Laura. Au contraire de Camille, elle l'avait détaillée des pieds à la tête, stupéfaite sans doute de son aspect.

— Je suis sale et fatiguée.

Laura sentit à ces mots sa gorge se contracter et se rendit compte qu'elle avait marché des heures sans s'arrêter.

— Et moi donc, enchaîna Camille, en enlevant son chemisier. Un bon bain et on fait princesses, tu vas voir.

La salle de bains avait toujours été pour Laura la pièce la plus accueillante de l'appartement. Camille fit couler un bain et se dévêtit. Laura ne se rappelait de son corps d'enfant que les genoux anguleux, les os saillants des hanches. Elle les redécouvrait, autrement les mêmes, et s'émerveillait du gonflement lisse des seins, de l'ombre du pubis qui faisait plus blanche la peau tout autour.

Camille parlait sans arrêt de l'école, de son prof de langues, de ses copines du cours de gym qui n'était plus mixte depuis qu'un garçon, montant à la corde lisse, s'était arrêté à mi-parcours et qu'il avait fallu aller le chercher, desserrer ses mains crispées, détendre ses cuisses qui enserraient la corde.

— Il était comme tétanisé, il avait l'air hagard, tout le monde s'est moqué de lui. Mais depuis garçons et filles font bande à part, gym séparée. Dommage, soupira-t-elle drôlement.

Elle prévoyait des questions qui tardaient à venir, les devançait et, répétant des gestes mille fois faits, elles se retrouvèrent toutes deux immergées dans l'eau brûlante, riant pour reprendre souffle. Camille se mit en devoir de lui savonner le dos, de l'étriller à la pierre ponce pendant que Laura lui racontait son fléchissement professionnel, son errance, les factures qui s'accumulaient.

— La gardienne qui monte le courrier injurie chaque enveloppe avant de me la donner, s'anima-t-elle en essayant d'imiter l'accent russe de la vieille dame, ses imprécations contre la bureaucratie de l'EDF et des PTT.

— Et jamais de timbre étranger? coupa Camille dans son dos.

Elle fit non de la tête sans saisir l'allusion, s'en voulut aussitôt et tenta de se retourner, mais la petite fille l'en empêcha.

— Pauvre Laura, dit-elle gaiement, comme si cela ne la concernait pas, en lui plongeant presque malgré elle la tête sous l'eau.

— Et puis ce studio où j'habite, dit Laura en émergeant.

— Oui ?

Camille faisait mousser ses courts cheveux châtains et elle ajouta :

— Je le hais. Mais tout ça c'est fini. Je vais chercher un lieu plus vaste. Tu sais comme j'ai besoin d'espace ! Je vais retourner à l'agence, accepter le premier travail venu, repartir du bon pied.

— Vers quoi ? dit la voix si froide derrière elle.

Laura ne sut que répondre. Elle se retourna en aveugle pour chercher le pommeau de la douche. Camille s'était immobilisée et la regardait sans réagir.

— Aide-moi, ordonna-t-elle.

L'enfant lui tendit enfin la douche et Laura sentit, aux remous de l'eau, qu'elle sortait de la baignoire.

Quand elle put ouvrir les yeux, elle la vit qui levait vers elle un peignoir bleu. Elles savaient toutes deux que c'était celui de Myriam.

Elle se redressa lentement et sentit l'eau couler le long de son corps, de ses épaules à ses chevilles. Il lui sembla que c'était son sang qui fuyait.

Elle eut un regard flottant, mais des poings de boxeur pour enfoncer ses bras dans l'étoffe douce qu'on lui ouvrait.

6

Sous le lustre vénitien de la vaste salle à manger aux murs lambrissés, le dîner d'anniversaire de Camille s'éternisait gaiement. Le père et la fille s'affrontaient dans un dialogue volubile, ponctué de rires complices. Un feu de bois brûlait dans la cheminée et rosissait leurs joues. Louise, entre deux plats, feignait de s'indigner du dernier caprice de Camille, qui refusait d'enlever les lunettes de soleil que venait de lui offrir son père. Elle attribuait cet entêtement au champagne qui coulait jusque dans le verre de « cette enfant ».

Michel, d'un sourire rapide, la rassura :

— Camille n'a jamais été une enfant, et surtout pas le jour de ses quatorze ans...

Laura, ce soir-là, n'en paraissait pas beaucoup plus. Elle avait remis son jean ; ses boucles rebelles, fraîchement lavées, entouraient son visage juvénile où ne subsistait aucune trace du maquillage de l'après-midi. Elle parlait peu, promenait autour d'elle un regard confiant et mangeait de bon appétit.

Quand vint le moment de souffler les bougies,

quatorze flammèches dansantes se reflétèrent dans les lunettes sombres.

— Qu'est-ce que tu attends, jeune fille ?

Mais elle eut le souffle si court que, d'un même mouvement, Michel et Laura se penchèrent pour l'aider. Leurs visages se frôlèrent. Camille pâlit. Elle se frotta les yeux d'un geste appliqué et fit mine de découvrir sur le mur une photo qui la représentait, petite fille, dans les bras de sa mère qu'elle regardait avec adoration. Il se dégageait de leurs deux visages rapprochés une impression de force et de bonheur.

— Louise, je vous avais demandé d'enlever cette vieillerie, je ne suis plus un bébé !

Malgré l'air stupéfait de la gouvernante, elle se tourna vers son père qui ne bronchait pas :

— C'est mon anniversaire, non ?

Laura de son côté avait peine à se contrôler. Le chocolat noirâtre coulait sur son menton, s'égouttait sur la nappe. Quand elle put à nouveau se concentrer sur le babil de Camille, elle l'entendit exprimer son plaisir « d'être là tous les trois ensemble » et puis, un peu plus tard, son envie « que Laura vive avec eux ».

— L'appartement est si grand, trop grand pour nous deux !

Et quand Laura tenta d'objecter qu'elle avait un studio et qu'il lui suffisait :

— Mais enfin, c'est toi-même qui m'as dit que tu n'arrivais pas à y travailler, que tu cherchais autre chose !

Le regard de Michel s'était posé sur elle et ne la

quittait plus. Par bonheur, la sonnette de la porte d'entrée lui permit de détourner la tête et Camille quitta la table en s'écriant :

— Essaie de la convaincre, papa, ça me ferait tellement plaisir. Je reviens, c'est sûrement pour moi.

Michel ne dit rien mais posa sa main sur la cuisse de Laura qui se raidit :

— Inutile. Avec ou sans portrait, je la vois partout ici. Elle peut revenir à tout moment.

— C'est un souhait ou une crainte ?

Elle reçut cette phrase comme une gifle et se retint de lui cracher au visage. Il n'y avait pourtant aucune ironie, aucune malveillance dans le ton de sa voix. Elle se rappela les mots laconiques de Myriam : « C'est un animal à sang froid. Difficile de le faire sortir de ses gonds... Mais possible », avait-elle ajouté, en affrontant le regard de son mari.

Face à la curiosité tranquille qu'elle lisait dans ses yeux, elle ne put que balbutier :

— Je t'interdis. Je t'interdis.

— Je n'insiste pas, dit-il en retirant sa main, qui laissa sur la cuisse de Laura, juste au-dessus du genou, son empreinte de chaleur. Tandis qu'elle s'estompait peu à peu, elle sentit une nausée l'envahir dont elle ne sut si elle devait l'attribuer au chocolat, au champagne ou à cette impression de défaite qui n'en finissait pas... Ils ne dirent plus un mot. Louise, surprenant leur silence, les informa, sur un signe de Michel, que c'était le facteur, un télégramme de plus pour Camille.

*

Dans l'antichambre, Camille avait refermé la porte et parcourait le message. Elle fit deux pas, s'adossa au mur contre lequel elle se laissa glisser, et elle resta recroquevillée dans cette position, le télégramme pressé contre son cœur. Peu à peu, des sanglots silencieux la secouèrent. Elle ôta et remit ses lunettes. Elle n'arrivait plus à endiguer le flot de ses larmes.

— Camille ? appela son père. Encore un amoureux ?

La voix, volontairement enjouée, lui donna la force de se relever. Elle s'essuya les yeux, les joues avec un pan de son chemisier et, cachée à nouveau derrière ses lunettes, se recomposa une attitude désinvolte pour traverser la pièce.

— Camille ? reprit la voix soudain inquiète.

Elle jeta le télégramme dans la cheminée et lâcha d'une voix brève :

— C'était maman.

Michel tressaillit et fixa, sans réagir, le papier qui prenait feu.

Laura s'était levée d'un bond.

— Qu'est-ce qu'elle disait ? Mais qu'est-ce qu'elle disait ? hurla-t-elle en se ruant sur Camille.

Devant le visage fermé de l'enfant, elle la rejeta de côté et, penchée sur les bûches, elle essaya, du bout des doigts, de retirer le télégramme qui lui échappait et devenait cendres. Camille, qui la regardait faire avec indifférence, voyait les flammes lécher son buste, les manches de son chemisier. Elle sursauta quand son père lança sur le portrait accroché au mur un carafon de cristal qui vola en éclats. Il s'élança enfin vers Laura, lui enserra la taille et lutta pour l'éloigner du danger. Mais elle, d'un geste délibéré, plongea dans les braises des mains insensibles avant de céder à son emprise. Ils tombèrent aux pieds de Camille qui soupira :

— Mais enfin, elle disait : « Bon anniversaire », c'est tout... Rien d'autre, ajouta-t-elle en découvrant des yeux candides.

La joue contre le sol, Laura cessa de se débattre. Elle revoyait tout à coup la nuque rase et ridée d'un vieux Cambodgien. Il portait sur son dos un enfant au profil endormi et grattait le sol de ses doigts tordus. Son chapeau conique cachait en partie son visage. Était-ce un homme ? une femme ? Il semblait chercher quelque chose. Une racine, une bête... un rat, peut-être ?

— Mais qu'est-ce qu'il cherchait ? essaya-t-elle vainement de se rappeler.

Dans un sursaut, elle tenta d'échapper à Michel qui lui enserrait les poignets.

— J'ai mal, découvrit-elle enfin. J'ai mal, je brûle.

Une douleur si violente l'envahit qu'elle perdit connaissance.

7

Laura approchait des parois extrêmes de son rêve. Son corps arc-bouté semblait le savoir avant elle : tous ses muscles tendus repoussaient, avec les draps froissés, l'image de Myriam, son profil flou, perdu, qui s'enfuyait. Mais le viseur d'un objectif cherchait son corps, le poursuivait. Les ruades fiévreuses de Laura empêchaient que ne se précisent, dans le cadre, les contours de sa silhouette. Le point, indécis, malhabile, projetait d'avant en arrière l'image saccadée qui s'estompait, se reformait pour se brouiller à nouveau. Et puis venait le moment fatal qui rendait le sommeil intolérable. Laura enfonçait alors sa nuque dans l'oreiller en gémissant des « non » faibles et terrifiés : rien n'y faisait ; il fallait encore, avant la délivrance, que Myriam se retourne, que son visage immense aux yeux délavés se rapproche, envahisse le cadre, fixe l'objectif d'un air étonné — oh ! cet air d'étonnement, d'agacement léger —, que sa bouche s'arrondisse dans un appel. Alors, alors seulement l'appareil mitraillait le corps chéri. Son bruit s'amplifiait, se transformait en fusillade. Et tandis que Laura, le doigt sur la gâchette, hurlait sa peur, son refus, l'image blonde disparaissait comme une feuille arrachée à la mémoire.

*

Ce matin-là pourtant était un autre jour. Quand Laura reprit conscience, le lit qu'elle occupait, où elle se débattait, était celui de Myriam et ses yeux se posèrent sur une pâle silhouette qui s'était retournée en l'entendant gémir.

— Mais si, il faut te réveiller, lui répondait Camille en se méprenant, il est tard, il est plus de midi. Je viens de rentrer de l'école.

Elle reprit son geste qui fit s'écarter doucement de lourds rideaux de velours rouge. Pour se protéger de la lumière, Laura porta à ses yeux ses mains qu'elle découvrit bandées de gaze blanche. Elle se rappela le télégramme, le feu, comprit qu'elle s'était blessée, que le père et la fille avaient dû la soigner, la veiller peut-être. Et la garder. Elle leva sur l'enfant un œil lent et méfiant : elle avait ouvert les vitres, poussé les persiennes et criait maintenant sa joie.

— Il neige ! Je savais bien que c'était un grand jour.

Elle revint vers Laura qui reçut sur son visage et ses épaules nues le souffle froid du dehors. Camille éloigna d'elle une couverture à laquelle elle tenta vainement de se raccrocher.

— Respire, l'air va te faire du bien... Tu t'es fait très mal, murmura-t-elle d'un air songeur en fixant les mains bandées. Mais, ajouta-t-elle presque aussitôt, comme papa est médecin, tu ne risquais rien.

Elle la regarda dans les yeux, avec tant d'insistance que Laura en eut le souffle coupé ; puis, détournant enfin le regard, elle se mit à feuilleter un livre de classe d'un air d'ennui souverain.

— Tu me lis ta leçon ? demanda faiblement Laura pour rompre le silence qui s'installait.

— Oui, oui, répondit une voix distraite, mais pendant de longues, d'interminables minutes, on n'entendit plus que le martèlement de sa bottine contre le bois de la chaise.

Laura tremblait maintenant. Ses dents claquaient doucement. Elle renonça à faire un nouveau geste vers la couverture que Camille retenait dans son poing, le front penché sur sa lecture. Elle se dit qu'elle allait mourir ainsi, dans les draps de Myriam qui la momifiaient, face à cette jeune geôlière aux paupières soyeuses.

*

— Mais il fait un froid de loup !

Michel Dulac se précipita vers la fenêtre qu'il referma vivement. Des flocons de neige s'échappèrent de son manteau quand il marcha vers le lit.

— ... Comment va ma malade préférée ?

Tandis que Camille s'éclipsait, Laura s'agrippa à lui, nouant maladroitement ses mains raides derrière le visage qui se penchait. Sous ses lèvres, elle balbutiait de bonheur :

— Je t'aime tant. Je voudrais que ça ne finisse jamais, jamais...

Il protesta en riant que sa réputation de médecin en souffrirait et, pour l'exhorter à se lever, il sortit de sa sacoche un petit appareil photo qu'il lui fit admirer. Elle ne put réprimer un mouvement de recul mais d'une voix scandalisée, un plateau de petit déjeuner dans les mains, Camille lui vint en aide :

— Tu es fou ! Qu'est-ce que tu fais ? Elle est encore bien trop faible !

Michel fronça les sourcils mais Laura s'était déjà rallongée douillettement.

— Je n'en ai pas l'air comme ça, mais je suis très, très faible !

La conviction de sa voix parut à chacun si tonique qu'ils éclatèrent de rire. Penché sur les mains bandées, Michel les couvrait de baisers.

— Hélas ! hélas ! gémit-il, j'ai encore des visites à faire avant de retourner à la clinique. A ce soir, mes chéries.

Malgré son départ, l'euphorie persista un moment. Camille riait encore par à-coups. Laura se persuada qu'elle avait inventé la dureté de son front, la violence de son silence quelques instants plus tôt.

— Il faudrait peut-être aller prendre quelques affaires chez moi, risqua-t-elle.

— C'est fait, voyons !

Se sentant découverte, elle se redressa si brusquement que Camille, affolée, voulut la retenir.

— Ne pars pas, je t'en supplie, c'est moi qui ai

insisté. Je ne veux pas te perdre. Je veux que tu restes toujours avec nous.

— Et ton père ?

— Il a besoin de toi, articula-t-elle encore en venant se blottir sous le drap, et cet aveu sembla déclencher ses pleurs.

— ... Maman, maman, sanglotait-elle bientôt, tandis que Laura jouait avec les longues mèches claires.

Elle se rappelait les cheveux de Myriam, leur flamboiement que le temps avait pâli ; elle se rappelait leur couleur plus sombre dans la blancheur préservée de la nuque quand, de son bras sinueux, elle tordait et remontait leur lourde masse. Une photo, quelque part chez elle, figeait ce geste de Myriam. L'envie de la retrouver fut si forte qu'elle faillit bousculer le corps abandonné qui pesait de tout son poids maintenant contre son flanc. Dehors, la neige fondait lentement sur la balustrade du balcon. Elle pensa que, pour la première fois peut-être, elle avait le temps et remuant les doigts, elle joua avec la souffrance légère qu'ils lui procuraient.

— Non, se dit-elle brusquement, je mens. Je n'ai pas mal. Ils le savent.

Les battements de son cœur se précipitèrent et soulevèrent bientôt la tête blonde posée sur sa poitrine. Camille ouvrit des yeux surpris. Oui, il lui sembla bien : surpris et vaguement moqueurs. Où avait-elle déjà vu ce regard ?

8

La Rover noire de Michel Dulac avançait lentement et Roberto, la casquette sur les yeux, pestait contre l'encombrement de ce jour de marché. L'exaltation enivrée de Chérubin que France Musique diffusait et qu'il reprenait à mi-voix semblait à Laura indécente, déplacée, racoleuse. A travers les vitres relevées les marchands des quatre-saisons s'interpellaient, se poussaient du coude, et elle croyait lire sur leurs lèvres des réflexions moqueuses. Elle s'enfonçait un peu plus dans son siège arrière et s'en voulait de son malaise. Elle se rappela le rire étonné de Myriam, railleur et affectueux, quand elle lui avait demandé, à brûle-pourpoint, si son fric ne la dérangeait pas trop pour s'intéresser aux damnés de la terre. Il avait fallu des mois pour que cette question cesse de la torturer, pour que son admiration s'enhardisse et se rassure. En voyage aux quatre coins du monde, elles vivaient toutes deux la vie des reporters et s'adaptaient comme chacun aux variables abris des palaces et des taudis. Traverser des contrées dangereuses, marcher des heures dans la canicule, dormir sous la tente, partager la vie des populations les plus déshéritées, rien ne rebutait Myriam, rien ne la faisait renoncer. Mais de retour à Paris, elle reprenait ses habitudes auprès de Michel et de Camille dans ce somptueux appartement du boulevard Malesherbes.

C'est là que Laura l'avait guettée avec le plus d'attention. Elle avait à son service une femme de chambre et un chauffeur qui recevaient ses ordres brefs qu'elle n'arrondissait d'aucune politesse particulière. Le dos courbé de Louise enduisant de cire les lattes du parquet n'avait pas ralenti sa marche, un jour qu'elles entraient dans l'appartement les bras chargés de livres et de journaux. Laura en avait ressenti une colère si brusque qu'elle avait volontairement lâché son chargement, s'était jetée à quatre pattes sur le sol et, sous prétexte de rassembler les feuillets épars, avait attendu, ainsi, que Myriam se retourne et croise son regard lourd de reproche. Ce jour-là, Laura guetta vainement dans l'œil de son amie un tremblement, un malaise au moins ; elle se serait contentée du moindre signe d'un esprit divisé. Mais rien. Elle n'avait rien décelé d'approchant. Elle n'avait entendu qu'un murmure accablé :

— Oh là là ! avait soupiré Myriam, dont le visage impassible s'était éclairé d'un sourire quand Louise l'avait aidée, contre son gré, à ramasser les derniers livres et à se remettre debout.

— Vous ne vous êtes pas fait mal au moins, mademoiselle Laura ? ne cessait-elle de s'inquiéter, et les joues en feu, Laura avait entendu monter un rire contenu derrière la porte refermée.

Elle s'était sentie honteuse. Rejetée. Triste tout à coup. Myriam n'avait pas levé les yeux quand elle s'était installée en face d'elle, à son bureau. La tête sur ses bras repliés, Laura l'avait détaillée à loisir et, comme chaque fois, le mouvement de sa main repoussant une mèche de son front, le crissement du feutre sur la page blanche l'avaient apaisée. Elle avait levé vers le stylo un doigt impulsif et caressant. Un regard surpris de Myriam l'avait arrêtée et elle s'était vite emparée d'une pile de courrier. Laura, en effet, lui servait souvent de secrétaire bénévole quand elles n'étaient pas en reportage. Tout lui était bon pour rester près d'elle. Une fois encore, donc, elle tria les lettres d'injures que Myriam ne lisait jamais et parcourut les appels à l'aide, nombreux et souvent émouvants, qu'elle ne lisait pas davantage mais auxquels elle répondait par des chèques. Avec indifférence elle distribuait dons et prêts mensuels qu'elle ne revoyait jamais ; des noms inconnus s'ajoutaient à une liste de bénéficiaires. Quand la banque, parfois, lui indiquait des chiffres en rouge, elle haussait les épaules.

Laura s'en était inquiétée un jour devant Michel, qui lui avait répondu d'un air froid que Myriam était libre.

— Ce sont les mots qu'il a employés ? avait demandé Myriam.

— Oui.

— Mais qu'a-t-il dit exactement ?

Pour la première fois Laura l'avait vue suspendue à ses lèvres, dans une attente si impudique qu'elle n'avait pu que répéter en bredouillant :

— « Myriam est libre »... C'est tout.

Elle s'était détournée, le visage en feu, désemparée...

*

— Je veux descendre. Laissez-moi descendre immédiatement.

Roberto freina brutalement et lui jeta dans le rétroviseur un regard inquiet. Elle ouvrit sans attendre la portière, se fit injurier par un cycliste et esquissa quelques pas chancelants dans la rue.

— Ne m'attendez pas, je reviendrai par mes propres moyens.

— Vous êtes sûre que vous êtes en état ? Le docteur m'a dit de ne pas vous laisser.

Laura se mit à courir. Le sang battait dans ses mains bandées qu'elle serrait contre sa poitrine. Elle ralentit en traversant la place Saint-Sulpice. L'eau de la fontaine avait gelé et deux enfants ouvraient par endroits la glace à coups de cartable. Bientôt elle s'engagea dans la rue Servandoni qui montait doucement. Elle aimait son étroitesse, sa déviation légère, inexplicable, qui ne découvrait qu'à mi-hauteur les arbres du Luxembourg, au-delà des grilles ; elle aimait le bruit de ses pas sur les pavés inégaux, les réverbères vétustes suspendus au milieu de la rue.

Elle prit mille précautions en passant le porche de l'immeuble où elle habitait. Mais la gardienne, à travers la vitre de sa loge, l'aperçut et suspendit aussitôt le mouvement de ses mains qui étalaient des cartes. Elle s'ingéniait à prouver aux gens du quartier qu'elle avait des dons de voyance et en récoltait de coquettes rémunérations. Sa cliente du moment fut abandonnée en plein désarroi et Sonia Andreievna rattrapa Laura dans l'escalier.

C'était une vieille dame aux traits fins sous des cheveux bleutés, qui avait pris sa locataire en affection depuis une nuit lointaine et combien regrettée où celle-ci lui avait fait confidence de sa solitude. Elle avait gémi, la tête dans les mains, sa maigre poitrine soulevée de sanglots silencieux, quand Laura, d'une voix monocorde, lui avait tout raconté : le bonheur à la Réunion, la faillite de la librairie de son père, le brusque départ en France et cette attente intolérable quand, après que l'avion se fut écrasé, il lui avait fallu, à la morgue, soulever des draps blancs et tenter de reconnaître les corps défigurés de quelques noyés qui n'étaient pas... Elles avaient pleuré ensemble. Et il y avait depuis, dans l'œil aigu de cette fragile sexagénaire, une détermination à lui venir en aide si farouche et si envahissante que, souvent, Laura s'en agaçait. Elle ne lui en voulait jamais longtemps, du reste. Elle l'aimait bien et lui était reconnaissante de quelques précieux conseils prodigués les premiers mois de son arrivée à Paris. Les choses s'étaient vraiment gâtées entre elles quand Myriam Dulac était apparue dans la vie de Laura qui s'était mise à la décrire avec une exaltation laconique que la vieille dame trouvait injustifiée. « Mais enfin, qu'est-ce que vous lui reprochez, madame Andreievna ? — Elle est rasoir. » L'expression lui avait semblé si saugrenue, si évidemment le fruit de la jalousie, qu'elle avait été prise d'un fou rire qui n'avait pas ébranlé la vieille dame.

« Parfaitement : dans sa voix, dans ses yeux, c'est clair, on voit la lame d'un rasoir. Son sourire aussi, rapide, tranchant, comme tout ce qu'elle signe, d'ailleurs. »

La vieille voix chantante était si péremptoire lorsqu'elle critiquait Myriam que Laura luttait contre l'attendrissement. Pour elle Myriam était un agent du KGB, comme tous les gens qui n'affichaient pas un individualisme bienveillant et sans illusions ; elle avait fui la révolution soviétique et c'était depuis son seul credo. Bien sûr, la disparition de Myriam, son engagement n'avaient provoqué chez elle qu'un ricanement hostile : « Le soleil l'a attrapée par les cheveux. C'était couru, c'est une rouge... »

Laura, hors d'elle, l'avait traitée de vieille sorcière et n'avait plus jamais, même au plus noir de son errance, pénétré dans sa loge ni caressé ses chats.

*

Ce jour-là, pourtant, sa vieille amie semblait, à la revoir, dans un état de grande excitation. Son joli visage, finement ridé, disparaissait presque entièrement dans un énorme bouquet de fleurs.

— C'est pour vous. Il en arrive comme ça chaque matin depuis que vous avez disparu. Où étiez-vous ? En voyage ? Vous vous êtes blessée ? Une petite fille est venue, avec un chauffeur, chercher des affaires. Elle avait votre clef. Qui était-ce ?

Laura s'empara du bouquet qu'aucune carte n'accompagnait. Elle eut peur tout à coup et se mit à escalader les marches de bois vers sa chambre au sixième étage.

— Laura ! Laura !

Elle se pencha au-dessus de la rampe et aperçut le visage inquiet levé vers elle, les mains implorantes.

— Cette enfant est le portrait de sa mère. Elle est revenue ? Répondez, elle est revenue ?

Laura reprit sa course, le cœur battant. D'immenses gerbes de fleurs en décomposition s'étalaient un peu partout dans son studio. L'odeur était si âcre, si entêtante, qu'elle se précipita vers la fenêtre et tressaillit en l'ouvrant : elle se trouvait en face d'un jeune garçon d'une quinzaine d'années debout sur les tuiles du toit opposé, et qui n'était séparé d'elle que par quelques mètres tant la rue était étroite. Elle le voyait souvent, de nuit comme de jour, circuler sur ces toits pentus. Il s'asseyait parfois à la crête des tuiles et sortait de sa poche un mince harmonica dont il tirait des sons incertains, toujours les mêmes. L'été, ils étaient deux ou trois qui disparaissaient d'un bond dans une lucarne. Ils semblaient surveiller la rue, les allées et venues des voitures, et elle les soupçonnait de chaparder.

Le jeune homme lui fit un vague signe de tête. Elle s'était habituée à sa présence, au regard indifférent que, malgré la proximité, ils posaient l'un sur l'autre.

Ils étaient à portée de voix et pourtant, d'un commun accord, ils n'avaient jamais échangé un mot. Un pouce levé vers le ciel, il la félicita des bouquets de fleurs qui encombraient la pièce derrière elle. Quand elle lui sourit en retour, elle le vit disparaître de l'autre côté du toit. Elle promena alors sur le désordre de la pièce un regard découragé. Une casserole sur un vieux réchaud, des cendriers pleins, une tringle de fer où s'accrochaient encore quelques vêtements, des livres épars, des coupures de presse, un placard ouvert bourré de photos, un lit étroit aux draps sales et défaits : tout ce qui, quelques heures plus tôt, était promesse de réconfort redevenait sordide menace de solitude et de malheur. Elle toucha du doigt des pétales qui se détachèrent aussitôt. Elle répéta, troublée, ce geste d'effleurement et une jonchée de fleurs fanées s'étendit bientôt à ses pieds.

— Un cimetière, songea-t-elle, une tombe oubliée.

Elle se rappela alors l'objet de sa visite et se précipita vers la salle de bains attenante, où elle s'agenouilla pour desceller un des carreaux de faïence où s'encastrait la baignoire. Elle passa une main dans cet orifice et en ressortit, soulagée, le collier d'émeraudes. Elle ne voulait ni le revendre ni s'en séparer...

La sonnerie du téléphone la fit sursauter et les pierres précieuses réintégrèrent leur cachette. La peur qu'on les lui reprenne la fit attendre longtemps avant de décrocher.

— Oui, c'est moi. De la part de qui ?

— Je vous passe Simon Sandman... Simon, Simon, elle est là, au bout du fil !

Dans un bruit de meubles renversés, elle entendit une voix basse et gaie :

— Enfin, je vous retrouve...

Résolue à ne pas répondre, elle ne se décidait pourtant pas à raccrocher.

— Laura ? Laura Flamine, répondez-moi, je sais que vous êtes là. Laura ?

L'énoncé de son nom lui parut étrange, presque agréable. Elle le répéta du bout des lèvres après avoir reposé le combiné. Alors seulement, elle regretta la longue silhouette de Simon, le bruit sec de l'ascenseur à chaque étage dépassé, leur brève rencontre ratée.

En bas de l'immeuble, Sonia Andreievna la guettait toujours et l'aida à se débarrasser des fleurs mortes qu'elles entassèrent dans une énorme poubelle. Elle était à nouveau d'humeur sombre et jetait des regards peu amènes à Roberto qui avait garé la voiture devant la porte. Vu l'étroitesse de cette rue, les voitures, pour le dépasser, étaient obligées de monter sur le trottoir et Sonia Andreievna, d'un air sévère, l'incitait à circuler. Mais lui, une main sur la portière ouverte, semblait prêt à tout entendre, à tout supporter pour accomplir sa mission : ramener Laura chez Michel Dulac. Elle y était disposée quand un scooter freina à sa hauteur dans un effroyable grincement.

Simon Sandman se précipita vers elle et la serra contre son cœur. Il était ébouriffé, il semblait très jeune et visiblement ravi. Le vent avait rosi ses joues et Laura eut le temps de le déplorer en se rappelant son visage noir et blanc, parfaitement immobile quand l'ascenseur montait. Elle sut alors qu'elle l'avait trouvé beau, beau à couper le souffle, beau comme un jeune dieu, comme un christ habité. Ici, sur ce trottoir, il n'avait plus rien de fatal, mais ses baisers trop sonores, trop appuyés, la désarmaient à nouveau.

Roberto et Sonia suivaient ces effusions d'un air interloqué. Simon n'en finissait pas de parler. Il noyait Laura dans un discours d'où il ressortait que, après qu'elle eut raccroché, il s'était précipité au-dehors, avait arraché un scooter des mains d'un de ses collaborateurs, foncé à toute allure, failli avoir dix accidents, mais il ne regrettait rien puisqu'elle était là, qu'il l'avait rattrapée à temps, avant qu'elle ne disparaisse à nouveau — mais où était-elle donc passée ? Et, à propos, est-ce qu'elle aimait les fleurs ? Parce qu'elle allait en recevoir comme ça pendant six ou neuf mois, il ne savait plus — mais qui était le type qui semblait l'attendre ? Sûrement un importun. Il allait s'en charger...

Roberto, désigné d'un doigt menaçant, rentra dans sa voiture et Simon le suivit, collant bientôt son nez contre la vitre relevée. Rien ne semblait devoir l'arrêter et il s'amusait comme un enfant de provoquer une retraite aussi exemplaire. Laura le supplia de cesser et l'entraîna vers son scooter. Il l'installa derrière lui, émerveillé qu'elle accepte, et démarra rapidement, non sans lui annoncer, comme s'il promettait le Pérou, que c'était la bonne heure, qu'ils allaient s'offrir les encombrements de l'Étoile.

— D'accord ?

— D'accord, approuva-t-elle prudemment, comme on enjôle un fou.

Dans le rétroviseur, elle aperçut le signe furtif que dessinait dans l'air sa vieille amie. Elle eut très vite du vent dans les cheveux et, au premier tournant, ses bras encerclèrent étroitement la taille du conducteur.

9

Les doigts de Camille virevoltaient sur le clavier. Elle hésitait souvent, cherchait ses notes, son pied menu glissait sur la pédale du piano, elle reprenait et plaquait énergiquement quelques nouveaux accords.

Allongée sur le divan du salon, la tête sur les genoux de Michel Dulac, Laura égrenait, de temps à autre, un rire de gorge appliqué et l'exhortait à continuer :

— Encore, Camille. Encore, on est si bien.

Chaque fois Camille tournait vers elle un regard inquiet. Chaque fois elle s'effrayait davantage de surprendre sur le visage de son père une expression qu'elle connaissait bien et, dans ses yeux fixes, posés au-dessus du piano, un flux suspendu de haine et de souffrance. Sans oser tourner la tête, sans avoir à le faire, Camille savait qu'il était attiré par l'ombre claire qu'avait laissée sur le mur le portrait de sa mère.

— Camille, encore, encore, on est si bien.

Et Camille reprenait, le cœur battant, effrayée de la gaieté nouvelle de la jeune femme, de son inconscience. Ne voyait-elle pas le regard de son père ? Elle gardait sur son sein la main de Michel, roulait sa tête sur ses cuisses, posait sa joue puis ses lèvres sur son ventre, soufflait à travers l'étoffe de son pantalon un air chaud et pervers — contrôlant, de temps à autre, avec sa joue, l'étendue de son pouvoir et riant de ce rire de gorge qui faisait tressaillir Camille, égarait sa main sur le clavier.

Placée comme elle l'était, Laura ne voyait de Michel que la large mâchoire, les muscles tendus du cou, la pointe arrondie de la pomme d'Adam. Elle n'entendait que sa voix troublée et qu'elle crut conquise quand il répéta après elle :

— Encore, encore.

L'enfant se retourna une fois de plus vers son père, vers cette voix qui la bouleversait. Sa main puissante enfonçait maintenant dans le creux de ses cuisses la tête de Laura. C'était plus qu'elle n'en pouvait supporter. Elle bondit de son siège, bredouilla qu'elle ne savait plus rien par cœur et quitta la pièce à grand fracas. Elle entendit la voix de Laura qui la rappelait. Et puis, plus rien qu'un murmure.

— Viens, Laura, j'ai envie de toi, tu n'es plus malade, viens.

— Non, attends. Attends encore, disait Laura. Arrête, tu me fais mal, arrête !

Son cri fut couvert par le retour bruyant de Camille qui exhibait, dans sa main tremblante, une liasse de partitions.

— Voilà, je vais jouer ces airs, si vous voulez.

Son père se leva si brutalement qu'elle laissa échapper les feuilles volantes.

— Camille, je t'avais interdit, balbutia-t-il.

— Mais, papa, je n'y vais jamais, je te promets, je n'entre jamais dans son bureau, c'est la première fois. Je pensais vous faire plaisir, voilà tout.

— Tu m'as désobéi. Fiche le camp.

Les yeux de l'enfant se brouillèrent de larmes et elle s'enfuit vers sa chambre.

Laura eut du mal à ramasser les partitions. Michel s'acharnait contre elles, à grands coups de pied rageurs, aux quatre coins du salon.

— Calme-toi. C'est idiot. Camille pensait bien faire. Tiens... dit-elle en s'immobilisant.

Sur chacune des partitions revenaient un nom, une adresse, d'une écriture appliquée qui n'était pas celle de Myriam.

— Je ne savais pas que Myriam aimait tellement la musique... Qui est cette Sylvina Boileau ?

— Je t'en prie, cria Michel en la saisissant aux épaules.

— Qui est cette femme ? Je ne comprends pas.

— Une amie de Myriam. Je pensais que tu la connaissais.

— Mais non. Qu'est-ce qu'elle faisait ?

— Myriam ne t'en a jamais parlé ? Tu m'étonnes.

— Mais pourquoi m'en aurait-elle parlé ? Et toi, tu la connaissais ?

— Bien sûr, lâcha-t-il d'un ton sec, c'était le professeur de piano de Camille jusqu'à... Allons, Laura, tu te moques de moi !

— Mais pas du tout. Jusqu'à quoi ? reprit-elle calmement.

Michel était devenu très pâle. Il regardait Laura avec une sorte d'égarement. Ses lèvres composaient des mots silencieux. Et puis il dit très vite :

— Jusqu'à ce qu'elle te rencontre... Mais ça suffit, je n'ai plus envie de parler de tout ça.

Il sortit rapidement du salon et éteignit au passage, laissant Laura seule dans l'ombre de la pièce, les partitions contre son cœur.

*

La porte du bureau de Myriam résista ; la poignée, une fois, deux fois, s'arrêta à mi-course. Fermée. Verrouillée. Elle revint sur ses pas, le long d'un couloir étroit qui traversait à angles brusques le vaste appartement. « Tant d'espace perdu », avait soupiré Myriam un jour. « Pas perdu pour tout le monde », avait rétorqué Camille. Devant l'étonnement de sa mère, elle s'était lancée dans une explication confuse qui mélangeait le temps de compter ses découvertes et celui de choisir son visage. Myriam avait levé les yeux au ciel et Laura s'était moquée...

... A tort... Elle le savait ce soir, hésitant à chaque pas entre la colère et la crainte... « Un : Michel ferme la porte à clé. Deux : personne n'entre dans le bureau. Trois : où est cachée la clé ? Quatre : pourquoi Camille a-t-elle désobéi ?... »

Elle n'alluma pas sur son passage, il suffisait de suivre le couloir et, de toute façon, les pleurs de l'enfant l'auraient guidée. Elle poussa la porte entrebâillée et s'approcha de son lit. Recroquevillée contre le mur, elle répétait inlassablement, d'une voix convulsive :

— Je la hais. Je la hais.

— Qui, Camille ?

— Maman. Même de loin, elle nous fait encore du mal.

Laura serrait toujours les partitions contre son cœur. Camille, dans l'ombre, leur jeta un regard rapide et éloquent. Elle s'en débarrassa aussitôt sur la table de chevet qu'envahissait une famille de koalas en peluche.

— Je voudrais qu'elle soit morte, cria-t-elle soudain en martelant le mur de son poing serré.

Laura résista au désir de la gifler et chercha à se calmer en caressant doucement l'un des petits animaux. Deux boules dures arrêtèrent ses doigts : c'étaient les yeux de verre du koala qu'elle énucléa avec application.

— Tu n'as pas le droit de la juger. Si Myriam s'estime plus utile ailleurs…

— Je m'en fous. Elle peut crever, en morceaux, bouffée par les crocodiles, écrasée par un tank ou un cageot de fruits pourris, pendue par les cheveux, éventrée avec une sagaie…

Cette longue énumération semblait l'avoir calmée.

— Arrête maintenant, dit Laura plus fermement.

— … ou qu'on lui coupe les mains, comme ça elle ne pourra plus m'écrire les lettres qu'elle n'écrit pas.

— Le télégramme ? demanda très vite Laura.

— Rien. Un copain. Rien.

Elle réprima un dernier et morne sanglot et reprit

d'un ton plus triste que non, décidément, ça, elle pouvait bien crever, que d'ailleurs elle l'était sûrement, mais que le problème était maintenant que son père était fâché contre elle parce qu'elle avait désobéi, mais que c'était vrai qu'elle avait oublié la promesse, non pas tout à fait, mais qu'enfin quoi elle voulait leur faire plaisir, et si les partitions de Sylvina étaient restées dans le bureau de Myriam, c'était tout de même pas sa faute.

— Bon, dit Laura en replaçant les yeux de verre du koala. Ton père n'est pas fâché pour longtemps, tu sais qu'il t'aime et...

— Mais oui, cingla Camille, qui en doute ici ?

— Et cette Sylvina Boileau, tu l'aimais beaucoup ?

Camille bougea sa tête blonde dans l'oreiller, se redressa sur un coude, et se recoucha en soupirant.

— Oui... mais moins que toi, je t'assure, ajouta-t-elle d'un ton vaguement suppliant.

— D'accord. Qu'est-ce qui s'est passé ?

— Un jour maman l'a renvoyée et elle a dit qu'elle ne voulait plus entendre le son de ce piano.

— Pourquoi Myr... ta maman l'a-t-elle renvoyée ? s'obstina doucement Laura.

— Je ne sais pas. Sylvina était devenue très triste à la fin. Elle pleurait tout le temps. Ça énervait maman. Et puis elle ne voulait pas partir après les leçons. Elle restait à l'attendre et maman ne voulait pas. Maintenant papa est fâché contre moi. Oh, comme je la hais !

— Il est furieux ce soir. Demain il aura oublié.

— Oublié ? reprit l'enfant d'un ton rêveur. Non. On avait juré tous les deux de ne plus parler de

Sylvina quand elle a eu son… tu sais, son accident…

Dans le silence qui suivit, elle perdit contenance.

— Mais si, tu sais bien ?… Je voulais jouer encore pour te faire plaisir, enchaîna-t-elle d'un ton implorant.

— Elle est morte ? demanda Laura très vite.

— Non. Mais on ne l'a plus revue après. Ni papa, ni moi.

Les paupières de Camille s'alourdissaient, le sommeil semblait la gagner.

— C'était quand ?

L'enfant bâilla en ramenant le drap sur ses épaules.

— Quand ? C'était quand ? Je sais que tu ne dors pas.

— Quand vous êtes parties ensemble, tu sais bien, le dernier voyage…

Elle ferma les yeux et tendit son visage à embrasser. Laura s'exécuta et se leva lentement.

— Tiens, n'oublie pas, tu les rangeras, toi, ajouta Camille en lui tendant les partitions. J'ai remis la clé dans la table de nuit de papa…, murmura-t-elle encore, d'une toute petite voix.

Quand Laura se retourna sur le seuil de la porte, elle crut apercevoir, fugitifs, les yeux grands ouverts de Camille. Mais non, elle dormait à poings fermés. Les koalas aux pupilles fixes semblaient protéger son sommeil.

*

Laura s'accroupit et glissa une à une les partitions sous la porte du bureau de Myriam. C'est seulement quand ses ongles eurent repoussé les dernières lignes musicales qu'elle prit conscience de son tremblement. Elle revint sur ses pas et vit devant elle, à l'autre bout du couloir, la lumière s'éteindre dans la chambre de Michel. Le cadre filtré, ténu, qui courait quelques instants plus tôt le long du chambranle de la porte survécut une seconde dans sa rétine, et précipita son cœur avec ses pas.

Elle se déshabilla sans bruit. La forme de Michel ne bougeait pas ; elle n'entendait même pas son souffle : peut-être dormait-il déjà. Elle sentit le désespoir la gagner et se vit luttant, heure après heure, toute la nuit, contre l'image de Myriam, contre le bruit assourdissant d'une clef dans une serrure. Elle marcha vers le lit, s'allongea sous le drap en maudissant Camille.

D'un mouvement rapide, qu'elle espérait encore, Michel la fit rouler contre lui. De sa main libre, il parcourut lentement son corps nu, inspectant chaque partie offerte, flattant sa peau, épousant un sein, l'arrondi d'une hanche, la chair musclée des jambes, les os des genoux. Il remonta dans le sillon des cuisses, et pressa contre le sexe de Laura le plat de son poing serré. Il le maintint ainsi quelques secondes puis frappa doucement les lèvres fermées qu'elle sentait gonfler, fourmiller, se tendre, se diviser. Et quand l'arête d'une phalange rencontrait dans leur pli le point recherché, bref et précis comme la douleur, cette brusque sensation se transformait en plaisir et elle criait vaguement du choc de sa disparition. Le poing s'éloignait à peine pour s'abattre à nouveau, retenu, régulier, presque indifférent sur cette chair douce et tendue où le sang affluait, libérant peu à peu son cœur, sa tête, de tout désir autre que l'enfoncement du sexe de cet homme dans le sien, ce sexe qu'il maintenait loin d'elle et dont elle se rappelait le gonflement contre sa joue, à travers le tissu, quelques instants plus tôt sur le divan du salon. Elle payait maintenant l'attente qu'il avait endurée...

Bientôt elle n'y tint plus et voulut écarter les jambes, mais il la tint rassemblée, agenouillé au-dessus d'elle, ses genoux enserrant les cuisses raidies, une main sur la bouche qui exhalait un souffle rageur. Il s'était baissé vers son oreille et son torse écrasait ses seins, comprimait ses poumons qui cherchaient un cri. Soudain elle le vit, de son bras libre, soulever un pan de drap qui flotta une seconde au-dessus d'elle, comme un fantôme laiteux, avant de s'abattre sur son visage et de s'enfoncer entre ses dents, contre sa langue repoussée, au fond de sa gorge ouverte.

En emplissant ainsi sa bouche, en la bâillonnant, Michel ne cessait de murmurer à son oreille des mots que son cerveau enregistrait avec peine et qu'elle confondait avec les battements de son cœur.

— Glisse ta main sous tes reins, ordonna-t-il. L'autre. Serre les poings maintenant.

Quand elle fut prisonnière du poids de son propre corps — ses hanches soulevées enfonçant ses poings, ses avant-bras, dans l'épaisseur du matelas —, quand des épaules au pubis elle ne fut plus qu'un arc, il déplaça ses genoux entre ses cuisses, sa voix basse égrenant d'autres mots tremblés.

— Ouvre-toi maintenant. Et regarde-moi. Regarde-moi, Laura.

Elle discernait les contours de son visage, l'arc de son nez, ses yeux durs, avides.

— ... durs, avides, implacables...

Elle se rendit compte avec stupéfaction qu'en fait elle ne voyait rien, que c'était la voix de Michel qui s'élevait dans le noir, ses yeux à elle qu'il décrivait par à-coups, à mots comptés, tandis qu'il s'enfonçait en elle, et que, par cet énoncé laconique, il tentait de résister à l'horreur d'une trop grande douceur qui lentement, lentement les engloutissait.

Comme sa voix faiblissait, comme il tremblait, puis ne bougeait plus, comme elle le sentait proche d'abandonner, de défaillir, elle lutta de tout son ventre pour imposer au sien le mouvement mécanique de l'amour. Il se reprit peu à peu et la transperça bientôt de saccades nerveuses. Il parcourait en même temps son visage avec ses dents et vint mordre contre ses lèvres le tissu rêche du drap qui s'en échappait et maintenait ouverte sa bouche écartelée. A coups de mâchoire lents et précis, aussi lents et précis que s'affolaient les chocs dans son ventre, il se mit à extraire le drap qui s'enfonçait dans sa gorge. Mais c'était elle maintenant qui résistait, qui s'accrochait au tissu humide, baveux, qui tentait de le garder, de le retenir, qui luttait, lèvres à lèvres, dents à dents, contre lui, qui ne pouvait plus imaginer sa bouche vide, béante comme la mort.

Dans leur lutte le drap se déchirait par endroits

entre leurs visages rapprochés, et leurs canines, hâtives, haineuses presque, se le disputaient à nouveau. La langue de Laura, gonflée, brûlante, inondée de salive, se hérissait de papilles douloureuses à chaque retrait brutal du tissu. Quand, dans un dernier sursaut, Michel réussit à extirper le dernier bout d'étoffe, ils crièrent ensemble, de peur et de plaisir.

Ils s'endormirent lourdement, leurs mains rassemblées, crispées sur l'écran fantomatique du drap blanc.

10

Ils avaient fait l'amour une fois de plus et au matin, il était toujours là : c'était la première fois. Elle entendait, dans la salle de bains, le bruit de son rasoir qui couvrait les ricanements d'un éditorialiste politique. La première fois que le matin les réunissait. Elle joua avec la certitude que c'était ce qu'elle avait toujours voulu. Elle l'aimait, elle était à lui, elle le lui avait dit et répété, elle devait le savoir, se le rappeler, pour s'appartenir au plus près.

— Je suis à toi, murmura-t-elle en tentant d'attraper un rayon de soleil que filtraient les persiennes.

Elle leva une jambe, tendit son pied et se concentra pour que le rai de lumière s'infiltre dans l'orifice laissé, à leur base, entre le pouce et les autres doigts du petit pied menu, charmant, admirable. Oui, elle avait décidément un pied admirable. Des doigts déliés. Des ongles pâles et ronds. Une cambrure étonnante que le soleil caressait.

Quand elle réussit enfin à capter la lumière, pendant quelques secondes, à travers cette étrange petite ouverture, elle était en nage et une crampe insidieuse tentait de s'installer dans son mollet. Quelques ruades en vinrent à bout et, en reprenant son souffle, elle décida qu'il était temps de lui raconter sa rencontre avec Simon. Ou plutôt non, il valait mieux parler du reportage que *la Comète* lui proposait.

— Michel ? Elle a essayé de se tuer ?

— Qui ?

— Cette Sylvina Boileau.

Il resta silencieux quelques secondes, puis sa voix couvrit le bruit du rasoir.

— Ne te torture pas avec cette histoire.

Avait-elle l'air de se torturer ? Pourquoi ce ton prudent ? Elle envoya valser l'oreiller qu'elle tenait contre elle et bondit sur ses pieds. En le rejoignant dans la salle de bains, elle criait plus fort qu'il n'était nécessaire pour se faire entendre.

— Réponds !

— Calme-toi, Laura.

Il reposa avec précaution son rasoir sur le marbre du lavabo et elle le haït quand il poursuivit, d'une voix qu'elle jugea sentencieuse :

— C'est possible… Passe-moi mes affaires.

Il s'habilla rapidement et s'agaça de son bracelet-montre qu'il n'arrivait pas à refermer. Laura s'enhardit.

— Elle aimait beaucoup Myriam ?

Un ricanement amer creusa instantanément un pli flasque entre son nez et sa bouche. Il fut laid en une seconde.

— Elle en était raide dingue, oui, comme les autres.

Laura puisait ses forces à ce rictus autour duquel son visage se reformait, impénétrable.

— Les autres ?

Quand il releva les yeux de sa montre enfin attachée, il dit brièvement un mot qu'elle ne put que répéter d'un air stupide :

— Ses maîtresses ?

Il la saisit aux épaules et siffla d'une voix haineuse :

— Mais qu'est-ce que tu crois, bon Dieu, que tu étais la première, peut-être ?

Il la secouait. Il lui faisait mal. Elle dégagea ses épaules douloureuses et sut qu'elle n'arriverait pas à crier sa stupeur. Elle n'était même pas sûre d'avoir compris. Il ne sortait de sa bouche qu'une plainte cahotée, proche des larmes.

— Mais Michel, je ne savais pas que Myriam, je ne savais même pas que...

Il l'empêcha de continuer. Il la serrait contre lui à l'étouffer et murmurait qu'elle avait raison, qu'il était fou, que c'était sa faute, qu'il ne fallait plus penser à ça, qu'elle était à lui maintenant et que rien d'autre n'importait. Il la serrait toujours et semblait suivre le balancement d'une danse lente — les pieds nus de Laura, coincés entre ses semelles de cuir, fuyant de crainte d'être piétinés.

— Aïe !

Il s'excusa en riant et la lâcha aussitôt.

— Je file, je suis en retard, comme toujours. A ce soir, petite fille. Plus jamais, jamais, chuchota-t-il encore, en l'enveloppant d'un regard tendre et complice.

En ouvrant la porte de leur chambre, il se trouva face à Camille, cartable au dos, qui recula nettement. Ils se dévisagèrent en silence et elle finit par s'enquérir, d'une voix combative :

— Je t'attendais, tu me déposes ?

— A tes ordres, carabosse, répondit-il en faisant claquer ses talons.

Les yeux de Camille cherchèrent ceux de Laura, ses lèvres s'arrondirent vers un mot qu'elle ne dit pas et puis elle éclata d'un rire enfantin, libéré.

Laura referma la porte doucement. Elle entendit leur course décroître au fond du couloir et s'assit sur le lit, le souffle si court qu'elle dut s'étendre, les bras en croix. La tête lui tournait. Le drap garda vaguement la marque en creux de son corps, quand une impression d'urgence, familière, la remit sur pieds.

11

Les planches de contact, les diapositives, les tirages noir et blanc, couleurs parfois, mats ou brillants, jonchaient le sol du studio de Laura. Angola, Liban, Biafra, Venezuela, Colombie, les clichés se mêlaient. Tout le minutieux travail que Laura s'était imposé depuis des années avait été anéanti en quelques minutes.

Assise sur le sol, le front penché, les mains rapides, elle continuait depuis des heures sa recherche, ne gardant près d'elle que les images où Myriam apparaissait. Elles étaient peu nombreuses et la saisissaient presque toujours en mouvement, au hasard d'une bordure de cadre, de dos la plupart du temps, précédant Laura et son appareil.

Parfois elle indiquait clairement à l'objectif, d'un doigt pointé, l'image à prendre, comme à l'avant de ce bac qui traversait un fleuve tchadien vers un appontement de fortune où attendaient les silhouettes immobiles de deux hommes en armes. Laura la reconnut aussi de profil au milieu d'un cercle d'enfants maliens ; ils frappaient dans leurs mains pour accompagner le balancement d'une fillette qui dansait bras levés vers le ciel pour faire venir la pluie. Ou alors son épaule et son bras tendaient un micro vers un visage. Ici un homme galonné, un militaire irakien, la casquette vissée sur des yeux furibonds, semblait l'injurier.

Malgré elle, Laura revoyait par bribes des moments de leur vie, le hors-champ des cadrages, les instants, les jours entiers parfois, passés ensemble à traquer ces quelques images. Mais rien, aucun détail, aucun indice ne venait s'ajouter qui lui aurait permis de nommer, de cerner davantage ce qui les avait unies dans ces voyages, au-delà d'un commun regard posé sur l'ébranlement du monde ou son immobilité.

D'ailleurs aucune photo ne les réunissait, ou alors si peu. Laura en garda deux qui saisissaient par hasard leurs corps dans le même espace. Dans les jardins d'un hôtel aux murs blancs, au cœur d'une réserve d'animaux sauvages, Myriam à une table écrivait ; on voyait dans le lointain se profiler l'immense silhouette d'un éléphant. L'ombre portée de Laura, l'appareil à hauteur des yeux, s'allongeait en diagonale sur le gazon domestiqué qui menait à Myriam. L'autre était un autoportrait de Laura dans la salle de bains d'un hôtel de Beyrouth : elle s'était photographiée dans un miroir au retour d'une expédition dans la ville bombardée. On voyait nettement le modelé de son visage épuisé, les pores luisants de sa peau... Le petit Leica qu'elle affectionnait, soulevé par ses bras maigres, ne cachait que son œil, le haut de sa joue et sa tempe gauche. Un cerne sombre creusait l'autre joue. Un vieux tee-shirt blanc et flasque couvrait son buste. Ses cheveux trempés collaient à son crâne et dégoulinaient le long de son cou. On discernait derrière elle, moins nettement, la profondeur de la salle de bains, son sol carrelé. Des vêtements étaient suspendus à un fil au-dessus de la baignoire. Et près d'un W-C ouvert, accroupie sur le sol, Myriam, recroquevillée, dos au mur, semblait reprendre des forces. Elle cachait son visage entre ses bras repliés. L'œil droit de Laura, face au miroir, exprimait une grande dureté, une jubilation concentrée qu'accentuait le pli moqueur de sa bouche... Était-il possible qu'elle eût porté sur Myriam ce regard froid de cyclope à l'affût ? A l'affût de quoi ? De sa disparition ? De la place qu'elle occupait aujourd'hui, chez elle, entre son mari et sa fille ? Elle ferma les yeux et sentit son pouls s'accélérer. Faux. Archifaux. Elle avait aimé Myriam de toutes ses forces. Seules l'insistance de Michel, la détresse de Camille l'avaient contrainte à les rejoindre... Elle sentit avec irritation que le sang continuait d'affluer à ses joues. Elle essaya de le chasser d'une main maladroite. Elle revit sous ses paupières closes Myriam qui se retournait inlassablement à l'orée de la forêt. Ses lèvres bougeaient. Que lui disait-elle ? Comme d'habitude, elle ne parvenait pas à entendre.

Elle fut tirée de sa concentration par le choc sonore d'une pièce de monnaie qui roula près d'elle. Sur les tuiles d'en face, son jeune voisin, l'acrobate des toits pentus, se détourna ostensiblement à son approche. Elle comprit, quand il répéta son geste, qu'il lui indiquait quelque chose un peu en retrait derrière lui : sous une lucarne, deux jeunes hommes au teint sombre qui l'observaient avec attention disparurent dès qu'elle posa un pied sur le balcon. Malgré son sourire forcé et un haussement d'épaules qui se voulait désinvolte, le jeune homme continuait de la regarder fixement. Puis il sourit. Elle se rendit compte qu'elle était nue et s'éloigna en soupirant. Des voyeurs, sans plus.

Pourtant, quand le téléphone sonna quelques instants plus tard, elle se figea, en proie à une peur irraisonnée. Elle eut la brusque certitude que si elle décrochait, son oreille exercée capterait malgré elle les trois mots du code dans la première phrase de son interlocuteur. La sonnerie s'entêtait : ils savaient qu'elle était chez elle, ils venaient de le vérifier.

12

L'interphone était recouvert d'une surface de verre. Laura y vit son visage et le nom de Sylvina Boileau. Les touches à enfoncer, en face de chaque patronyme, trouaient son reflet, yeux, joues, front, de larges impacts noirs. A peine son index eut-il effleuré la touche indiquée qu'une voix la fit tressaillir.

— Oui ?

— Sylvina Boileau.

— De la part ?

— Laura Flamine. Je suis...

Elle n'eut pas le temps de poursuivre : la porte s'ouvrit dans un bref déclic sonore. Dans le hall moquetté, elle fut aussitôt entourée de mille sœurs jumelles qui, sur les miroirs dépolis des murs latéraux, l'encadraient à l'infini. Elles avaient toutes le même front bombé et si luisant que Laura s'arrêta, scruta, tapota, colmata. Profondément absorbée par ce geste, elle sentit à peine passer dans son dos une jeune fille en jean et duffle-coat qui balançait au bout de son bras mince la valise étranglée d'un violon.

— Pas trop, pas trop ! lança-t-elle en indiquant d'un mouvement de tête le poudrier. Cinquième, en face.

Et sa queue de cheval disparut dans la rue.

Sylvina Boileau l'attendait sur le palier, devant sa porte ouverte. C'était une jeune femme brune d'une extrême beauté. Son teint lumineux, ses cheveux noirs, brillants, séparés par une raie médiane et nattés, ses yeux profonds, son nez droit, légèrement busqué, avaient la perfection des statuettes antiques. Elle manœuvra avec adresse la chaise roulante qui la portait et fit signe à Laura de la suivre. L'intérieur de l'appartement comprenait une seule pièce, vaste et claire, où un piano à queue, laqué blanc, occupait presque tout un pan de mur. Peu de meubles, pas de lit, mais un hamac vers lequel la chaise roulante glissa, silencieuse. Laura la suivit comme un automate, muette et mal à l'aise. Quand Sylvina Boileau, d'une torsion rapide de tout le corps, s'agrippa au hamac pour s'y installer, Laura eut un geste pour l'aider.

— Ne me touchez pas ! lui intima-t-elle d'une voix sèche.

Elle installa lentement ses jambes paralysées dans le treillis du hamac, ramena sur elle une couverture damassée et expira sans hâte en regardant enfin sa visiteuse.

— Asseyez-vous là, au piano. Ou plutôt non, marchez. Que je vous voie bien.

Laura hésita puis obéit, bougeant gauchement dans la pièce.

— Quelques pas seulement, que je voie votre corps en mouvement. Oui, c'est ça, tournez, encore. Bon.

Les épaules larges, un peu sèches, la poitrine menue, la démarche souple, les mains mobiles...

Laura s'assit sur le tabouret du piano et murmura, sans presque bouger les lèvres :

— Ce n'est pas moi que vous décrivez...

— ... Et une voix mal posée qui se cherche. Tout y est ! enchaîna Sylvina, ironique.

Elle sembla se perdre dans une rêverie dont elle sortit brusquement.

— Si j'avais pu vous tuer, siffla-t-elle tout à coup, je crois que je l'aurais fait volontiers. Au lieu de quoi je me suis ratée. Le métro n'a fait que me heurter et me renvoyer en arrière. Je ne savais plus ce que je faisais. Je l'aimais trop. Passez-moi du cake et cessez de vous agiter. Il y a des cigarettes dans ce tiroir.

Laura qui palpait désespérément les poches de son imperméable s'empara du paquet, l'ouvrit rapidement et aspira une longue bouffée.

Elle surprit le regard suspendu, aigu, de Sylvina sur elle, ses jambes, son corps tout entier, et dit très vite qu'il n'y avait rien eu de sexuel entre Myriam et elle.

— Rien. Mais rien du tout.

Sylvina éclata d'un rire moqueur, presque gai.

— Qu'elle est sotte !

Laura ne la voyait plus, elle était fascinée par le balancement du hamac qui attirait les mots, un à un, hors de sa bouche sèche.

— Je veux dire... Non, jamais... J'ai dormi avec elle en reportage dans des hôtels. Parfois, oui, dans un seul lit. Mais elle n'a jamais fait un geste. Pas dit un mot que... J'ignorais tout de son attirance pour les femmes.

— Pour les femmes et pour les hommes, rectifia Sylvina qui semblait beaucoup s'amuser. Elle n'a jamais fait la différence. Ou plutôt si. Mais elle la goûtait également. Pas vous ?

Laura fit un signe de dénégation si effarouché qu'il sembla ravir Sylvina — qui se rembrunit presque aussitôt.

— Je suis sûre que vous ne mentez pas. Comme elle a dû souffrir... Comme elle a dû vous aimer... Je comprends maintenant. Pour ne pas vous effaroucher, il a fallu que je disparaisse. Ne pas éveiller vos soupçons...

Laura eut tort : elle dit qu'elle regrettait, que si elle avait su... Elle n'en dit pas plus car Sylvina s'était mise à hurler une question qu'elle aurait dû prévoir, une question sans réponse qui, elle aussi, l'obsédait :

— Pourquoi, alors, si vous ne l'aimiez pas, pourquoi l'avez-vous suivie comme son ombre, pourquoi avez-vous mis vos pas dans les siens, pourquoi aujourd'hui encore... ?

Et la suite ne fut qu'un bruit confus de haine ricanante.

Laura s'était levée, elle marchait de long en large, elle tournait entre ses doigts un béret rouge trouvé sur le piano. Elle savait qu'il était à Camille. Mais elle se disait : « Plus tard, j'y réfléchirai plus tard. » Et elle avait l'impression que toutes ses pensées s'entremêlaient, se chevauchaient, qu'elle n'arriverait plus jamais à en faire le tri si elle n'essayait pas de formuler des mots, des phrases et d'écouter si, par chance, ils faisaient assez de bruit, sinon de sens, pour couvrir l'angoisse qui l'étreignait, qui grandissait dans le silence, maintenant que Sylvina s'était tue et qu'on ne voyait plus que son corps arqué de sirène malade pris dans les rets du hamac.

Elle dit qu'elle savait tout de Myriam avant de la rencontrer ou que, du moins, elle le pensait. Elle dit que là-bas, dans la librairie de son père, à la Réunion, sa mère lisait beaucoup, tout ce qui arrivait de France ou presque. Mais que les livres de Myriam Dulac, ses articles, elle les emportait sous les flamboyants, les soulignait, les annotait, et que Jérôme et elle, Jérôme c'était son frère jumeau, se cachaient pour la regarder, puis ne se cachaient plus, s'approchaient tout près, qu'elle ne les voyait pas mais que, dans les jours qui suivaient, elle chantait souvent, se cousait des vêtements, faisait des confitures de goyaves et caressait les cheveux de leur père. Jérôme et elle étaient très jeunes, ils n'avaient pas réussi à s'intéresser aux écrits de Myriam Dulac, c'était plutôt ennuyeux et difficile à comprendre, et d'ailleurs les annotations de toutes les couleurs, dans les marges, sur les mots eux-mêmes, rendaient les phrases incompréhensibles. Leur mère, sous les arbres, leur paraissait une sorcière blonde, belle et exaltée. Ils aimèrent à la folie son bonheur et Myriam Dulac.

— Ils sont morts.

Laura n'entendit même pas l'esclaffement d'évidence de Sylvina.

Sans doute, poursuivit-elle, la valise où sa mère

gardait tout ce qui concernait l'écrivain, jusqu'aux moindres échos sur elle, avait dû se perdre elle aussi, au milieu de l'océan, quand leur avion s'était brisé. Elle n'avait jamais parlé de cette valise à Myriam, et bien peu de son enfance. Quelques allusions, tout au plus. Ce n'était pas la peine. Mais elle avait su tout de suite, la première fois qu'elle l'avait vue écrire, que Myriam, ou plutôt le bruit de son stylo, sa main qui traçait les lettres rassemblaient à eux seuls ses souvenirs épars. Elle n'avait plus peur qu'ils lui échappent, quand...

— ... Elle m'a dit que vous l'aviez rencontrée par hasard.

— Non. Je suis photographe. J'avais décroché une commande d'une agence : je devais faire un reportage sur elle qui refusait toujours. Je l'ai suivie, traquée une journée entière. Elle m'avait repérée, se retournait parfois avec colère. Et puis une fois, elle m'a regardée fixement et ne s'est plus souciée de moi. A la fin de la journée, je me suis rendu compte que, dans mon émotion, je n'avais pas enlevé le cache de mon appareil. J'ai fait le guet devant chez elle le lendemain. Elle a souri quand je lui ai expliqué ce qui s'était passé. Elle m'a proposé d'abandonner l'agence et de travailler avec elle, de l'accompagner dans ses voyages. J'étais heureuse. Elle m'avait prise en sympathie. Elle m'a présentée à eux, sa famille. Je...

— Il vous a fait la cour ? devant elle ?

— Comment ?

Le hamac avait cessé sa plainte oscillante et Sylvina l'épiait. Son regard cachait quelque chose que Laura reconnut, une sorte de violence sournoise que sa bouche retenait encore. Elle eut peur et les mots trébuchèrent sur ses lèvres sans qu'elle puisse les arrêter tout à fait. Elle essaya de sourire.

— Il me semble... Oui... Pourquoi ?

— Toutes. Une à une. L'une après l'autre, scanda Sylvina. Il a toutes voulu les séduire. C'était sa façon à lui de blesser sa femme. Et de la garder.

— Vous mentez. Vous inventez. Vous...

Sylvina exultait de joie.

— Oui, moi aussi ! Mais je l'avais vu venir, ce sale vautour, cet affamé, ce charognard. Et puis je n'aime pas les hommes, ça ne pouvait pas marcher. Myriam m'a haïe. Leur jeu s'arrêtait. Je l'encombrais. Elle n'aimait des gens que leur trahison. Foutez-moi le camp. Non, rasseyez-vous. Je vois à votre gueule — vous êtes verte — que vous lui avez cédé tout de suite.

Sylvina se redressa sur un coude qui écarta les mailles du filet. Elle était en nage. De la sueur sous les aisselles.

— Mais après, alors ? Après ? Que s'est-il passé ? Pourquoi n'est-elle pas revenue ? Pourquoi vous a-t-elle laissée revenir seule ? A sa place ? Dans sa maison ?

Elle criait si fort que Laura s'était levée et se bouchait les oreilles. Elle ne put que s'élancer vers cette forme hurlante qui cherchait à rouler hors du hamac. Elle la reçut contre elle, frêle et pesante, encercla son torse, ses bras qui frappaient l'air, l'emprisonna, mais ses lèvres lui crachèrent au visage.

— Elle vous aimait ? Elle vous aimait ? Elle n'a aimé que vous alors. C'est lamentable, lamentable.

Et elle se mit à pleurer, comme une enfant, la tête posée sur l'épaule de Laura. Elle était trop lourde. Laura n'en pouvait plus. Elle ne pouvait pas la lâcher, ni balayer d'un geste ce jet de salive qui s'étirait et lui chatouillait la joue. Elle essaya de ramener Sylvina vers la chaise roulante, voulut l'y asseoir. Mais la chaise glissait, reculait toujours un peu plus. C'était épuisant, ce corps mou alourdi de sanglots.

— Bloque le frein, idiote, là. La manette près de la roue gauche. Avec ton pied, bon sang !

La voix de Sylvina était redevenue sèche, normale, agacée de tant de maladresse.

Laura se retrouva déchargée, les mains vides, les tempes bourdonnantes. La chaise roulante tourna sur elle-même, revint, et Sylvina lui tendit le béret rouge oublié dans la lutte.

— Camille n'a jamais cessé de venir me voir. C'est elle qui m'a prévenue de votre visite.

— Non, dit Laura fermement. Je ne savais pas moi-même que je viendrais.

Sylvina eut un rire léger sur deux notes.

— Camille sait beaucoup de choses.

— Bon, dit Laura. Je m'en vais.

Elle ne voulut pas prendre le béret, ni le rendre à Camille, le rapporter. Non, non, rien. Au revoir. C'est tout.

La chaise la poursuivit jusqu'à la porte.

— Si jamais vous la revoyez, si elle revient ou quoi, dites à Myriam de venir me voir, une fois, rien qu'une fois.

C'était un murmure suppliant, infâme, beau. Laura

se retourna sur le seuil de la porte et fixa longuement le sillon blanc, la raie médiane dans les cheveux de la jeune femme qui cachait son chagrin derrière ses doigts joints.

— Je la reverrai.

Ce furent ses mots d'adieu, indifférents.

13

Laura avait le bas-ventre si contracté qu'elle se demandait comment elle arrivait encore à mettre un pied devant l'autre. Elle luttait contre l'hilarité douce qui la gagnait et qui ne pouvait, si elle ne l'enrayait pas, que provoquer un désastre. Elle allait accoucher sous peu d'une poche d'urine que les nombreuses stations debout, dans les bars, sur le chemin de son rendez-vous, avaient contribué à gonfler. C'était une dilatation intérieure qui ne se voyait pas, semblait-il, sous son manteau. Elle avait guetté en vain le regard des passants sur cette partie de son corps, qu'elle soulignait pourtant de sa main posée. Non, ils ne se doutaient de rien, à peine intrigués par sa démarche précautionneuse. La peau de son ventre, sous le nombril, était si tendue que le seul effleurement de la laine, à chaque mouvement, lui causait une souffrance presque intolérable — presque.

En fait elle avait dépassé le seuil fatidique quelques minutes plus tôt, avec le dernier whisky. La souffrance de la rétention était devenue telle qu'elle avait cru s'évanouir, mais des muscles inconnus avaient pris le relais de sa volonté et continuaient de bloquer la fuite du liquide. Ils n'avaient pu cependant empêcher tout à fait un premier écoulement tiède que le vent du dehors s'était chargé de refroidir. Le tissu de son collant entretenait une humidité que le vent ravivait par à-coups. Une main froide semblait alors se glisser entre ses jambes, la parcourir, et dessiner l'intérieur de sa cuisse, qu'elle ouvrait le moins possible, à chacun de ses pas. Cette caresse glacée contribuait à faire monter en elle un dangereux tremblement de rire. Enceinte d'urine et de vent...

Elle avait très vite décidé de garder dans son ventre cette précieuse douleur qui ravivait les mots énigmatiques de la sirène. « Elle n'a aimé que vous. » C'était absurde. Invraisemblable. Mais, l'alcool aidant, Myriam s'était mise à les prononcer. Laura voyait son visage, ses lèvres qui bougeaient, oui, c'est bien ce qu'elle disait en se retournant vers l'objectif... « Je n'ai aimé que vous... je n'ai aimé que vous... »

Quelque part au fond d'elle-même ces six syllabes endormies rampaient, lui labouraient les entrailles. Brusquement elles s'échappèrent de sa bouche. Elle essaya à nouveau, timidement, de les prononcer. Il lui sembla bientôt que chaque passant interpellé, chaque visage d'abord réticent reprenait avec elle, tourné vers un ciel vide, les syllabes flamboyantes qui claquaient dans le vent et s'y entrechoquaient.

— Je n'ai aimé que vous... clama-t-elle solitaire, poing levé, émerveillée de sa force nouvelle, de sa violence... Je n'ai aimé que vous !

Elle ne savait pas à qui elle adressait ces mots mais

elle était sûre de savoir les prononcer. Elle ne voulait pas que la raison les lui arrache... Ni un hoquet ! Pas question.

De bar en bar, après chaque nouveau whisky elle résistait à la tentation de suivre, au-delà des comptoirs, les parcours fléchés vers les toilettes, presque toujours en sous-sol, que lui signalaient d'innombrables pictogrammes — d'autant plus cocasses qu'ils étaient concis : ce pouvait être un berger et une princesse en crinoline, mais aussi un simple chapeau et un jupon, une pipe et un collier, une flûte et un violon... Les flèches finissaient toujours par se séparer, et c'est bien ce qui, au fil des verres, était apparu à Laura comme un obstacle insurmontable.

Fascinée par la majesté de deux dessins qui ne reproduisaient pourtant que les angles durs d'un H et d'un F, elle les avait suivis. Tout au long d'un couloir ils l'avaient guidée vers des escaliers abrupts qui aboutissaient en tournant à deux portes inévitablement séparées.

Longtemps elle avait contemplé, en se tenant au mur, le mystère de ces deux lettres gravées chacune dans le bois d'une porte battante. Elle avait vu des hommes et des femmes entrer sans hésitation, sortir à la hâte, le visage lisse de toute incongruité. Et c'était leur absence d'hésitation à se séparer qu'elle trouvait parfaitement menaçante et comique. Immobile, elle guettait leurs expressions, avant, après, le partage imposé. Son attitude avait fini par provoquer quelques questions anodines — « Vous entrez ?... », « Vous vous décidez ? », « C'est votre tour ? » — qui, chacune, l'avaient fait s'esclaffer et, du coup, tressaillir de douleur, une main crispée sur le bas-ventre. De plus en plus ivre et déterminée à ne pas se laisser extorquer une réponse, elle avait reculé vers la sortie.

Poussée par le vent, elle se rapprochait maintenant du Rendez-Vous dont elle enfonça d'une épaule chancelante la porte vitrée. Elle vit tournoyer au-dessus de sa tête des nuages qui se déchirèrent peu à peu : ce n'étaient que d'épaisses volutes de fumée réfugiées au plafond et qu'une rafale de vent, pénétrant à sa suite dans le bar, avait bousculées. S'avançant titubante de table en table, elle chercha vainement parmi les consommateurs le visage de Simon Sandman. Elle avait peu d'espoir de le trouver, consciente de son retard, consciente d'avoir volontairement repoussé le moment de lui être confrontée, consciente soudain de le regretter désespérément.

Quand elle l'aperçut, debout, au téléphone, dans une petite cabine intérieure, quand il lui fit signe qu'il arrivait, qu'il finissait de dicter un papier, elle fut traversée d'une onde de douceur et sentit qu'elle se mettait à pleurer. Mais elle eut tôt fait de se rendre compte que le liquide qui s'échappait d'elle n'avait rien à voir avec ses larmes et c'est en hoquetant un fou rire enthousiaste et reconnaissant qu'elle se laissa guider vers les sous-sols par des index péremptoires qui n'avaient plus rien de mystérieux. Elle ne vit pas un homme attablé qui l'observait avec attention. Elle ne le vit pas faire signe à une jeune fille rousse aux yeux clairs qui poussa son voisin du coude et se leva aussitôt pour la suivre. Laura ne vit rien de ce léger entrelacs de regards et de gestes qu'elle avait provoqué, tout entière tendue vers les quelques mètres qui la séparaient encore du siège d'émail libérateur. Là, les yeux plissés sur des graffiti monotones et graveleux qu'elle ne comprit pas, elle approcha longuement, bruyamment de la volupté. Les doigts enfoncés au-dessus du pubis, elle réussit à extirper d'elle les dernières notes d'un chapelet cristallin. Elle soupira de bonheur, enleva son collant, remit ses chaussures, et se lava l'intérieur des cuisses avec le flot purifié de la chasse d'eau.

La jeune fille rousse qui l'attendait dans les lavabos en se brossant pour la centième fois les cheveux ne sut pas pourquoi Laura l'enveloppait d'un sourire si éclatant, ni quel était ce chiffon flasque qu'elle jetait avec tant d'entrain dans le panier à ordures.

— Il nous faut l'argent, balbutia-t-elle. Le temps presse.

— Comment ?

Penchée sur le lavabo, Laura n'en croyait pas ses yeux : la jeune fille traçait sur sa joue, d'une main maladroite, un signe de reconnaissance si incertain qu'elle crut d'abord que quelque chose la démangeait. Devant l'air apeuré qu'il provoqua, Laura s'en voulut aussitôt de son éclat de rire. Elle s'efforça de se composer le visage sérieux que la jeune ambassadrice était en droit d'attendre de sa mission. Car maintenant elle ne pouvait s'y tromper : elle avait devant elle le visage fiévreux et enfantin d'une messagère en lutte, d'une militante de l'espoir. Sa voix de novice tremblait encore un peu ; sous le regard gris de Laura, elle en souffrait visiblement.

— On a eu du mal à vous retrouver. Pourquoi ne répondez-vous plus aux appels ? Il nous faut cet argent, enchaîna-t-elle dans le silence. Ou le collier. Si vous n'avez pas réussi à le vendre, je m'en charge.

Quel âge a-t-elle ? pensa Laura. Seize ans, dix-sept ans ?... A peine plus que Camille... Que c'est joli une nuque raide de collégienne. Quand donc l'ai-je perdue ? Elle aurait voulu la prendre dans ses bras, se foutre du ridicule, s'exalter doucement, l'appeler sœur, sœur, petite sœur, mais il n'était plus temps, elle le savait. Elle se contenta d'arrêter le peigne de la jeune fille qui continuait de torturer son crâne et ses cheveux fous.

— Pourquoi, ton papa est bijoutier ? lança-t-elle sans réfléchir, pour la douceur de la tutoyer.

Tiens, vérifia-t-elle en retour sur un regard hautain, elle connaît déjà le mépris. Et avec quelle force, quelle dureté. Elle n'est plus seule... Ça aussi je l'ai perdu, je n'ai plus rien.

— Je veux revoir Myriam Dulac, reprit-elle d'une voix froide. Je veux retourner là-bas. Le collier contre un contact. A eux de remonter la filière. Qu'ils se démerdent.

— Mais qui êtes-vous ? Pour qui vous prenez-vous ? Vous êtes cinglée. Vous n'avez pas le droit. Le temps presse, je vous dis. On a besoin du fric pour faire évader des camarades. Après, il sera trop tard.

Laura se débarrassa de la main qui l'agrippait et

lutta contre l'émotion que ces simples mots continuaient de provoquer en elle. Elle connaissait trop leur pouvoir. Elle préféra s'enfuir.

— La revoir. Une fois. Rien qu'une fois, ordonna-t-elle en reculant.

Elle découvrit avec effarement, sur le visage stupéfié qui la fixait, la force de sa résolution.

14

— Vous avez la photo que je vous ai demandée ?

— Ni celle-là, ni aucune autre.

— Pas une photo ? s'étrangla-t-il.

Elle fit signe que non.

— ... *La Comète* vous envoie couvrir le meeting facho le plus important du moment et vous n'en rapportez pas un seul rouleau de pellicule ?

— Je n'y ai pas été.

Simon Sandman reposa son quatrième café si brusquement qu'il déborda tout autour. Laura entreprit de rétablir l'ordre : elle but à même la soucoupe le liquide renversé et la remit en place. Elle eut un élancement de plaisir. Simon venait de passer une main lente dans ses cheveux. Comme elle souhaitait qu'il recommençât, elle redit, sans le quitter des yeux :

— Je n'y ai pas été.

Mais elle fut déçue, il ne répéta pas son geste. Il semblait anéanti.

— Je n'aurai pas la une, gémit-il.

— Je suis désolée. Vraiment.

Il fut surpris de la sincérité de son accent. Décidément, elle l'intriguait de plus en plus... Après avoir essayé de se faire passer pour journaliste, sous couvert d'articles volés — car c'est bien ce qu'elle lui avait avoué —, elle avait apporté un dossier de photos si remarquable que le staff de *la Comète* avait aussitôt décidé de la mettre à l'épreuve. Et voilà qu'un contretemps stupide venait tout gâcher.

— Je vous écoute, lui dit-il d'un ton volontairement revêche.

Il venait quand même de se faire casser la gueule à la sortie du meeting par une bande de loubards au crâne rasé qui l'avaient reconnu et il avait toutes les raisons du monde d'être de mauvaise humeur. Sa lèvre tuméfiée commençait à gonfler. Il le sentit bien en la parcourant d'une langue rapide. Cette gourde aux yeux gris ne s'en était même pas rendu compte.

— Attention, lui dit-elle, ils ne vous ont pas loupé, votre lèvre supérieure est ouverte et gonfle de minute en minute.

Il ne s'expliqua pas pourquoi il se sentait récompensé, béni des dieux, et repoussant dans sa gorge un soupir d'allégresse préféra se retourner vers la salle enfumée et partager son inquiétude du moment :

— En plus, ils me suivent maintenant. Regardez cette table derrière nous, ces deux types en imper et cette môme ahurie, ils n'arrêtent pas de m'épier. Mais j'ai repéré leur manège...

Laura reconnut aussitôt les visages aperçus sur le toit quelques heures plus tôt, et adressa à Simon un grand sourire déconcertant.

— En tout cas, le rassura-t-elle, ils s'en vont.

— Tant mieux, j'ai eu mon compte aujourd'hui, j'en ai marre. Laura, ajouta-t-il en lui prenant la main, pourquoi n'êtes-vous pas venue ?

Elle semblait très contente d'avoir sa main dans la sienne, si concentrée sur ce plaisir qu'il attendait presque des mots d'amour.

— Je ne peux plus armer mon appareil.

— Comment ?

— Je veux dire que je ne prendrai plus de photos. Voyez-vous, la dernière personne que j'ai photographiée a disparu. J'ai ensuite essayé de la voler, vous vous rappelez ces articles ? Elle les avait écrits de sa propre main, sous mes yeux. Et aujourd'hui, ajouta-t-elle d'un air pensif, j'habite avec son mari et sa fille. A sa place en quelque sorte. Je la vole encore et encore. Pourquoi ?

Simon ne la laissa pas continuer.

— Vous l'aimez ?

— Je veux la revoir.

— Je parle du mari, articula-t-il d'un ton sec.

Laura eut l'air perdu, désarçonné. Et puis, très vite, elle sembla le regarder avec reconnaissance.

— Beaucoup. Il souffre. Il se débat. Mais nous ne pouvons rien l'un pour l'autre.

Elle parlait sur un ton d'évidence tranquille, comme si tout cela était sans importance, ou en tout cas résolu. Il eut envie de la brusquer et lui dit qu'il voulait faire l'amour avec elle. Il n'eut plus qu'à la suivre : elle était déjà debout et acquiesçait d'un hochement de tête convaincu.

*

L'enseigne au néon clignotait une lumière blanche comme des éclairs. Laura n'avait pas voulu venir chez lui ; elle avait préféré cet hôtel anonyme. Et, de la réception à l'ascenseur, du couloir à la chambre, elle n'avait pas caché qu'elle le reconnaissait.

Elle s'était déshabillée sans hâte et Simon avait tenté d'aligner ses gestes sur les siens, d'imiter sa nonchalance. Ils s'étaient retrouvés nus sur les draps et le contact de leurs corps avait fait gonfler son sexe. Mais elle s'était trop vite, à son gré, détachée de lui. Ouvrant ses jambes, tendant son buste, arquant ses reins sur ses poings fermés, elle s'était offerte à lui dans cette posture. Et comme si l'offrande n'avait pas été assez claire, elle ne cessait de répéter de manière mécanique qu'elle était à lui. Oui, il entendait bien :

— Je suis à toi, je suis à toi, déclamait-elle d'une voix de fausset.

Le néon l'éclairait tout entière par brèves saccades. Il vit qu'elle tournait lentement son visage d'un côté à l'autre du lit : de seconde en seconde il le retrouvait, figé par cette lumière brutale, aux différents points de son parcours. Yeux clos, lèvres ouvertes, elle exhalait lentement sa litanie : « A toi… à toi… » La distorsion entre ces images arrêtées et le son lent et continu qui sortait d'elle était étrange. Levé sur un coude, Simon l'observait et il aurait souri s'il n'avait été aussi ému. Il la trouvait théâtrale et enfantine, vaguement ridicule, mais il la désirait. Du moins le crut-il en la couvrant de son corps, en cherchant à la pénétrer. Soudain un rire impulsif jaillit de la gorge de la jeune femme, et sa voix qui ne tremblait pas constata :

— Vous n'avez pas envie de moi.

Après quoi elle gémit, reprit le va-et-vient monotone de sa tête et redit, comme une supplication, qu'elle était à lui.

— Ça suffit. Je ne sais pas à quel jeu vous jouez, Laura. Je n'en connais pas les règles et je crains qu'elles ne m'intéressent pas.

Elle ouvrit des yeux affolés dans le faisceau de lumière, et comme il tentait de se relever, elle s'agrippa à lui de toutes ses forces, l'emprisonna de ses jambes.

— Ne me laisse pas. Ne me laisse pas, ordonnait-elle faiblement.

Il lui dit qu'il était fatigué, que cette mise en scène était absurde, que lui aussi avait couru derrière des fantômes, mais que pour rien au monde il n'aurait voulu le faire payer à qui que ce fût.

Elle chercha à embrasser son visage et raviva sa douleur en pressant maladroitement sa bouche contre sa lèvre meurtrie. Il était excédé et le lui dit sèchement :

— Vous me faites mal.

Elle cria que non, que ce n'était pas vrai, qu'elle ne faisait de mal à personne. Moyennant quoi, ses mouvements désordonnés reprirent de plus belle. Il dut lutter pour la maintenir à distance, sentit monter en lui une fureur irraisonnée et lui dit de foutre le camp. Il n'avait pas dormi depuis deux jours et n'avait plus qu'une envie : être seul.

— Seul ? redit-elle en s'immobilisant.

Il vit alors sur son visage arrêté, autour des yeux hagards qui le fixaient, des traînées noirâtres : c'était le sang de sa blessure qu'elle avait rouverte ! Il la trouva laide et pensa que, non, décidément, il n'était pas amoureux d'elle. Séduit, tout au plus. Il lui en voulut férocement et opta pour un renoncement méthodique : ne plus la voir, ne plus entendre sa voix, ne plus l'imaginer. Cette décision lui causa un choc, une souffrance inattendus. Quand il se reprit, ce fut pour l'entraîner hors du lit. Elle ne résista guère. Il la propulsa dehors, jeta sur son corps nu ses affaires, vêtements, chaussures, tout, et referma la porte.

Couché en travers du lit, le cœur battant, il essaya de se calmer. Il se reprocha sa brutalité et enragea de se rappeler qu'il s'était mal battu contre ses agresseurs du meeting. Le néon continuait de clignoter sous ses paupières closes. Il décida de retourner au journal et d'y étudier les textes « volés » par Laura. Ça ne devait pas être sorcier d'en découvrir l'origine. Il chercha autour de lui, sur les draps, quelques taches de sang et n'en trouva pas.

15

En pénétrant dans son studio, tout essoufflée, elle eut au premier coup d'œil la certitude qu'« ils » venaient de la précéder et l'espoir fou qu'« ils » étaient repartis avec leur butin. Ils n'avaient rien saccagé. Bien au contraire. Elle eut l'impression que, pour mieux chercher, ils avaient dû lutter contre le désordre : les photos empilées, le lit retapé, les cendriers vidés, l'armoire fermée sur quelques vêtements, un jean, deux chemisiers bleus.

Mais le collier, dans sa cachette dérisoire, leur avait échappé : le carreau de faïence, en bas de la baignoire, était la seule chose qui n'avait pas bougé. Sur le seuil de la salle de bains elle le fixa longuement, ce carré blanc près du sol, sûre qu'il scellait sa malédiction. Faire évader des camarades. Vite. Vite. Elle était damnée si d'une main à l'autre, d'une paume à l'autre, les émeraudes ne voyageaient plus. Elles lui brûlaient la peau maintenant, cachaient sa ligne de vie, sa ligne de chance, n'irradiaient que du malheur. Pourquoi ne l'avaient-ils pas attendue ? Pourquoi avaient-ils fui ? Et qui avait arrêté leurs recherches ?

Qui sinon Sonia, la caqueteuse, la fouineuse, la sorcière aux cheveux bleus, qui avait juré de faire son bonheur. Elle avait dû s'émerveiller de les découvrir à l'œuvre. Des amis de Laura, vous pensez, c'est si rare, mais non, restez, installez-vous, vous n'avez qu'à l'attendre. Elle va être si contente. Vous devriez la sortir, vous savez, l'emmener en boîte, la divertir, elle file une mauvaise laine, elle a besoin d'amis de son âge. Elle a perdu son frère jumeau, la pauvre, et depuis, des amis de son âge, pas un seul. Personne. Enfin, c'est ce qu'elle me disait lorsqu'elle me parlait. Elle ne me parle plus, elle n'est jamais là.

— Ils n'ont pas attendu, Laura. Je suis désolée.

Elle se retourna en sursaut. Elle avait deviné juste : la vieille dame s'encadrait immobile dans la porte. Devant le silence de Laura, son visage exprima plus de compassion encore. Elle s'enhardit et risqua une avancée timide vers le lit sur lequel elle posa, comme un oiseau se perche, son cul noir et léger ; elle croisa sur ses genoux ses mitaines à résille et reprit son caquetage. Ses dents s'entrechoquaient entre les mots. L'image de l'oiseau décidément persistait tandis que son joli nez parcourait la pièce au-dessus des lèvres mobiles qui se félicitaient de l'ordre restauré.

Tandis que des pas lents, lourds et sonores la portaient vers le lit, Laura ne cessait de fixer le ruban de velours noir qui entourait son cou. L'étrangler. Une main y suffirait : il fallait seulement passer deux doigts sous le tracé noir du ruban qui meurtrirait les chairs. Tordre et serrer. Et puis mettre ça sur le compte de ses « nouveaux amis ». Elle allait faire d'une pierre deux coups. Pierres précieuses, cou de vieille dame… La fureur l'envahit à l'idée que ce pauvre jeu de mots distrayait encore son esprit… Elle s'assit d'un seul coup, cuisse à cuisse, et les ressorts du lit grincèrent. Elle vit une fine patte noire aux doigts de chair se détacher, s'élever et venir tapoter son genou.

— Vous savez, j'ai tout fait pour les retenir. Je leur ai même proposé de leur préparer du thé, d'attendre chez moi, il n'y a plus rien ici. C'est votre faute aussi. On n'invite pas les gens avec un frigidaire vide.

— Oui, dit Laura. Vide.

Elle posa sa tête sur l'épaule amie et une douleur lui traversa la nuque. Un petit disque déplacé sans doute. Le triangle si fragile de la nuque et des épaules… Elle se mit à sangloter : « Jérôme… Jérôme… » Elle lâchait par à-coups ces deux syllabes qu'un souffle convulsif détachait l'une de l'autre. Elle n'arrivait pas à les rassembler. « Laura, retourne-toi ! retourne-toi ! » suppliait-il toujours.

Sonia Andreievna la berçait, la caressait, n'en finissait pas de la consoler, de l'exhorter à se calmer. Elle ne comprenait rien, rien, et c'était mieux ainsi. Mais tout à coup Laura l'écouta, l'entendit.

— … et puis, ce n'est pas si grave, réfléchissez, vous avez sûrement un moyen de les retrouver, vos amis… Laura, attendez, voyons. Attendez, je vous dis. Prenez au moins votre manteau, vous allez vous geler les entrailles.

Laura courait déjà. Son sac arraché au passage battait sur son épaule tandis qu'elle descendait quatre à quatre les escaliers. Quand elle ouvrit la porte de l'immeuble, elle vit une forme sombre tomber à ses pieds dans la rue. Sans lâcher le collier, elle saisit son manteau et ne prit pas le temps de remercier la silhouette qui, là-haut, sur le balcon, devait lui faire un dernier signe.

Vite, vite, s'engouffrer dans le métro. Changer au Châtelet. Descendre porte des Lilas. Elle finirait bien par retrouver la ruelle, l'adresse. C'était une piste au moins, quelque chose à quoi se raccrocher. Elle y avait suivi Myriam autrefois, qui venait les interviewer. Elle se rappelait le petit local carré, les affiches punaisées un peu partout qui criaient « *Hasta la victoria !* » et cachaient mal les lézardes des murs, le vieux frigidaire ronronnant. Et puis, au beau milieu de la pièce, la rotative toute neuve, son bruit monotone qui les enthousiasmait. Eux, ces quelques visages oubliés. « Soutenir la juste lutte ! » « A bas la dictature ! » Les tracts tombaient devant leurs yeux émerveillés et ils avaient du mal à s'intéresser aux arrivantes.

Et puis cette longue, interminable explication que Myriam avait dû donner après sa première question.

— Est-ce que vous ne vous sentez pas un peu pris au piège ? Quelle va être votre stratégie maintenant que vous avez pignon sur rue ?

— « Pignon sur rue » ? *Que dices ? Que significa ? Entiendes, Hugo ? Y tu, Alfonsin ?*

Myriam avait renoncé à se faire comprendre. Elle faisait des gestes, s'embrouillait volontairement pour les faire rire. Il y avait en effet dans l'air sale, dans les regards enfiévrés qui caressaient la rotative, des zébrures de gaieté, une parenthèse d'insouciance qui rendaient plus poignants encore les mots brefs et guerriers que la machine vomissait.

Laura, tout à coup, avait sorti son appareil et ils s'étaient figés, inquiets, menaçants. Elle s'était calmement agenouillée devant la rotative et c'est elle qu'avait cadrée son objectif. Quelqu'un avait alors applaudi, des rires avaient fusé. Elle avait reçu une grande claque dans le dos, entendu des verres tinter, le bruit d'une bouteille que l'on débouchait. Elle avait surpris, posé sur elle, le regard bleu de Myriam. Fière. Elle était fière d'elle. Elle s'était sentie transportée de vanité enfantine et avait eu conscience, pendant quelques instants, que chacun de ses gestes affectait une désinvolture de vieille professionnelle. Elle avait roulé les mécaniques, trinqué avec eux. Mais Myriam n'avait même pas levé les yeux quand, un peu plus tard, elle lui avait tendu un verre. Un geste agacé de sa main l'avait refusé. Elle s'était remise à questionner celui qui semblait le leader du petit groupe et griffonnait des notes hâtives.

Tard dans la nuit, longtemps après, ils discutaient toujours, l'un en face de l'autre, lui sur le sol, adossé au mur, elle assise sur une caisse, les coudes sur les genoux. Laura, allongée par terre, voyait entre ses cils mi-clos leurs deux profils tendus se détacher sur la pâle clarté du mur. La rotative s'était tue ; des sacs de couchage se gonflaient de formes immobiles un peu partout dans la pièce. De temps à autre Laura sursautait. La porte du vieux réfrigérateur s'ouvrait d'elle-même, projetant devant elle le triangle allongé d'une lumière froide et sonore. La semelle d'une lourde botte la repoussait à chaque fois et l'on entendait, tout au long du frigidaire, le chuintement plaintif du caoutchouc qui faisait ventouse.

16

Quand, à bout de fatigue et d'énervement, Laura s'engagea par hasard dans une ruelle sombre, elle la reconnut tout de suite. Le bar qu'une enseigne rouge appelait « La Dériv » était toujours là, en face du local. Un *e* avait disparu, comme le local d'ailleurs qui n'existait plus. Un échafaudage, le long de sa façade, soutenait un mur de pierre autour du trou noir qu'il était devenu...

— Une charginette de plastic et pouf ! disparus, tous ces culs-terreux d'étrangers, lui avait expliqué le barman de La Dérive. Mais je leur fais confiance, ils ont dû trouver refuge ailleurs. La vérole, ça disparaît pas comme ça !

— Non, avait approuvé Laura en hochant la tête, ça disparaît pas comme ça. Mais chut !

Elle était raide soûle à nouveau, buvait verre sur verre, offrait des tournées au comptoir et repoussait mécaniquement la cuisse du type assis auprès d'elle.

— Je t'ai déjà vue. Où tu travailles ? chuchotait-il constamment.

Elle ne pouvait lui en vouloir. Il la prenait à

l'évidence pour une habituée, une des putes qui occupaient par petites tables le bar sombre.

— Chut ! Chut ! répétait, un doigt sur les lèvres, Laura qui suivait dans son dos la conversation de deux d'entre elles.

— Il veut qu'on le fasse à deux devant lui, c'est tout. Allez, sois sympa, Lucie, viens avec moi, disait l'une.

— Non, ça m'emmerde, soupirait une voix douce.

— Tu penses à autre chose, on se l'expédie et on rentre, insistait sa compagne.

Laura s'agitait sur son tabouret et faillit tomber. Son voisin la rattrapa juste à temps. Elle dégagea son coude et se retourna vers la voix douce, celle d'une lourde jeune femme aux cheveux très courts, qui semblait hésiter.

Laura pointa vers elle un doigt lamentable.

— Faut pas y aller, si vous en avez pas envie, articula-t-elle d'une voix pâteuse.

— On t'a pas sonnée, dit la voix douce, qui l'était déjà moins, et la jeune prostituée se mit à rassembler ses affaires.

— Faut pas... pas envie..., marmonna encore Laura, en fouillant dans son sac à la recherche de ses cigarettes.

Elle tomba sur son appareil photo et le sortit sans réfléchir. Dans les éclairs du flash qui trouèrent la pénombre, toute la salle s'immobilisa. Le barman lui arracha l'appareil, elle reçut une gifle qui la déséquilibra, son voisin voulut lui venir en aide et une grande confusion s'ensuivit. Tombée sur le sol, elle remuait frénétiquement bras et jambes à la recherche du collier. Elle vit un objet voler au-dessus d'elle ; il lui sembla que c'était une chaise. Quoi qu'il en fût, l'objet non identifié provoqua, en atterrissant, un grand fracas de verre brisé. Le barman se précipita sur le téléphone.

— Fais pas le con, Léon, cria-t-on ici et là, de divers points du ring.

Laura voyait s'ébattre autour d'elle des jambes d'hommes et de femmes. Certaines semblaient se précipiter vers la sortie. Des renforts aux pieds mouillés — tiens, la pluie s'était mise à tomber — arrivaient. Vu d'en bas, c'était un tourbillon assez plaisant, mais par intervalles une bourrasque de vent balayait le sol.

— J'ai froid, cria Laura, rappelant à tort sa présence.

Elle reçut en retour au-dessus du nombril un coup de pied qui la plia en deux.

— Ça va te réchauffer, entendit-elle en vomissant brièvement.

Elle se demanda pourquoi la violence était souvent si monotone, si convenue et comment faire pour rapprocher son pied du collier tout en éloignant sa joue de la petite flaque malodorante qu'elle venait d'expulser. Elle entendit alors, comme chacun, une sirène de police approcher et loua intérieurement les forces de l'ordre démocratique pour leur célérité.

*

Dans le fourgon de police qui les conduisait au commissariat, ses voisines ne lui manifestèrent ni courroux — ce qu'elle aurait mérité, puisqu'elle était à l'origine de leur infortune — ni intérêt. Elles étaient soudées par la même préoccupation : persuader le chauffeur du car de faire un détour pour ramasser Mathilde qu'on ne pouvait décemment pas laisser seule, la pauvre petite, vu qu'elle ne savait pas où crécher, qu'elle n'avait pas les clefs de chez Marion, et qu'en plus Joseph était de retour, sorti de taule le matin même — c'était Maurice qui l'avait dit —, et qu'il n'allait pas tarder à revenir rôder dans les environs. La dégelée qu'elle allait prendre semblait inévitable et Laura elle-même se tordait les mains d'inquiétude, dressait l'oreille à leurs chuchotis, suivait par le menu leurs tractations avec les policiers qui tournaient l'un vers l'autre, derrière le grillage, des profils perplexes. Ils finirent par se laisser convaincre, et le chauffeur accéléra après un demi-tour nerveux qui déséquilibra les passagères. Laura fut gentiment repoussée ; on lui offrit, à bout de bras, un mouchoir imbibé de parfum — « Tu peux le garder, va » —, parce que décidément son odeur de vomi était tenace. Toutes se congratulaient chaleureusement. Une excitation soulagée avait envahi le car. Les corps se tendaient vers l'avant, les regards exploraient la nuit, attendant qu'apparaisse dans le faisceau des phares la silhouette de Mathilde qu'elles allaient sauver d'une punition atroce. Reléguée à l'autre bout de la banquette, Laura, le nez dans le mouchoir offert, trouvait le parfum délicat, l'amitié généreuse, la nuit belle et peuplée.

— Qu'est-ce qu'ils ont l'air de s'aimer ! s'émut-elle, à l'arrêt d'un feu rouge, devant le corps à corps passionné de deux jeunes gens sur le seuil d'une boîte de nuit.

— C'est Mathilde !

— C'est Joseph !

Indifférents à la pluie et au reste du monde, Mathilde et Joseph bougèrent lentement. Sans se détacher l'un de l'autre, ils poussèrent la porte du cabaret et disparurent sous les yeux stupides des compagnes de Laura.

La vision, même fugitive, d'un bonheur qui échappait à leurs prédictions les rendit muettes quelques longs instants et il fallut que les policiers renchérissent de sarcasmes pour qu'elles sortent de leur torpeur et tournent vers eux leurs bouches injurieuses et leurs yeux tristes.

Au commissariat, groupées derrière des barreaux, elles s'évitaient, ne se parlaient guère. Même les cigarettes ne s'échangeaient plus. Le mouchoir prêté à Laura avait réintégré d'un geste sec l'entre-deux-seins de sa propriétaire.

— Il va quand même la battre, c'est sûr ! avait tenté une voix qui manquait de conviction.

Quelques grognements, un haussement d'épaules désabusé avaient chassé le problème, mais non l'image du couple exclusif qui renvoyait chacune à son territoire. Mornes et soudain fatiguées, elles s'étaient disjointes, réfugiées derrière leurs paupières fardées, si coloriées que l'œil semblait parfois redessiné, ouvert sur des songes solitaires.

Laura n'avait pas sommeil. Elle attendait Michel dont elle avait donné le numéro de téléphone aux flics. Elle n'était pas sûre qu'il viendrait, même pas sûre de le souhaiter. La joue contre le grillage, elle suivait l'interrogatoire de trois jeunes gens accusés de vol dans le métro. Leur numéro semblait au point : l'un d'eux bousculait une vieille dame ; l'autre, sous couvert de lui venir en aide, lui volait son sac qu'il refilait à un troisième qui attendait sur le quai... Ils agitaient leurs têtes et se protégeaient en levant de minces avant-bras, au fur et à mesure que les policiers se faisaient plus convaincants, les taloches plus précises. Un coup un peu rude envoya l'un d'eux valdinguer en arrière et Laura se leva sous le choc de sa découverte. Elle venait de reconnaître le joueur d'harmonica de la rue Servandoni, l'équilibriste d'en face. Lui ne la vit pas ; il semblait affolé, à bout de forces. Il revint vers ses compagnons et échangea avec eux quelques gestes rapides. Le flic cogneur semblait prêt à reprendre du service quand son collègue l'arrêta :

— Regarde, je crois qu'ils nous causent.

Les trois jeunes gens se livraient en effet à d'habiles contorsions de leurs bras et de leurs mains qui ressemblaient à des supplications.

Le flic cogneur baissa lentement le bras.

— Le gang des sourds-muets ! Pas trop tôt, soufflat-il. Pas trop tôt...

L'éclat de rire qui fusa derrière Laura, dans la

cellule des prostituées, fut sans doute l'un des plus hideux qu'elle eût entendus de sa vie. Unanime. Indivisible et sacré. Scellant l'union retrouvée. Laura secoua le grillage de toutes ses forces et lança vers l'acrobate un cri inutile. Les jeunes voleurs passèrent devant elle sans lui accorder un regard, soulagés d'un aveu qui les soustrayait aux coups.

17

Laura avait mis du temps à comprendre ce qu'on attendait d'elle boulevard Malesherbes. Depuis la nuit passée au commissariat, les choses s'étaient très lentement éclaircies. Michel était apparu vers trois heures du matin. Sanglé dans un costume gris de la meilleure facture, le visage défait, il avait fait forte impression. Les conversations avaient décliné. On avait admiré la fermeté et la courtoisie de sa voix pendant le bref conciliabule qu'il avait eu avec les policiers. En quelques minutes elle s'était retrouvée libre. Sans la regarder il lui avait ouvert la porte, s'était effacé devant elle, provoquant quelques sifflements dans la cellule.

— Classe, le pingouin ! avait ricané une voix gouailleuse.

Michel n'avait pas bronché ; il semblait fermé, indifférent. Laura s'était laissé entraîner, prête à traverser un orage de reproches pour reconquérir cet appartement, ce lit qui était devenu son unique refuge.

Mais à son grand étonnement, une fois dans la

voiture, Michel l'avait prise dans ses bras et l'avait serrée à l'étouffer. Elle attendait un mot de lui pour fondre en larmes, s'excuser de l'avoir réveillé, tout expliquer. Sans doute l'avait-il deviné.

— Tu n'as rien à expliquer, Laura.

Et sa voix était effroyablement tendre.

Plus tard elle s'était endormie dans ses bras, sous ses yeux attentifs. Il lui caressait le front, elle n'en pouvait plus de douceur.

Le lendemain Camille, mise au courant par son père, lui avait manifesté elle aussi un regain d'amour. Laura s'était juré de les entourer d'affection et de ne plus recommencer ses fugues.

*

Pourtant il s'en était suivi dans la maison, dans leur vie à trois, un malaise qu'elle avait eu du mal à cerner. Pendant la journée, elle vivait avec bonheur une oisiveté que nul ne songeait à lui reprocher. La porte de Myriam était certes toujours close, mais personne ne s'en souciait et Laura régnait sur tout le reste de l'appartement. Elle glissait d'une pièce à l'autre, lisait, prenait des bains très longs, rangeait quelques placards au grand dam de Louise, attendait Camille à la sortie de Louis le Grand, l'aidait à faire ses devoirs, l'affrontait au scrabble et racontait tout cela à Michel qui lui téléphonait régulièrement pour l'assurer de son amour.

— Moi aussi, répondait-elle très vite.

Le repas du soir les réunissait autour de la table, sous le grand lustre rose et vert.

Camille et Michel avaient ri comme des fous de la mésaventure de Laura. La tête des policiers, les réflexions des prostituées... Michel jonglait avec des bouts de vérité, ajoutant chaque fois des détails nouveaux qui faisaient de Laura le centre d'un événement rocambolesque qu'elle avait voulu, maîtrisé de bout en bout, tel un génial pied de nez au monde. Mais jamais ils ne lui avaient demandé comment elle s'était retrouvée là. Et chaque fois qu'elle s'était aventurée sur ce terrain, ils avaient invariablement changé de conversation. Ça ne les regardait pas, c'était convenu une fois pour toutes. Ils l'enveloppaient de regards bienveillants et vaguement admiratifs et, sans bien s'en rendre compte, elle s'était mise à jouer leur jeu, à s'entourer de mystère, détournant la tête sur une phrase à double sens, soupirant d'une allusion possible. Le père et la fille s'excusaient alors brièvement, se jetaient des regards de reproche et lui resservaient un peu de dessert. Après le dîner, on passait au salon où ni Louise ni Roberto n'apparaissaient plus.

C'est là que Laura s'était fourvoyée, tâtonnant vers son rôle. Elle s'était installée avec Michel sur le divan, lancée dans des questions sur la clinique, la vie du lycée. Elle avait trouvé l'enfant réticente et Michel fuyait, c'était clair, derrière la fumée de sa cigarette, l'œil fixé sur le feu ; même son épaule n'était pas accueillante, raide, osseuse tout à coup.

Le même malaise s'était reproduit plusieurs soirs de suite. Laura sentait qu'ils attendaient d'elle un geste, un mot, quelque chose, elle ne savait pas quoi.

Un soir, n'en pouvant plus, elle déclara qu'elle les trouvait sinistres et qu'elle préférait sortir. Aussitôt Camille se leva d'un bond, grave et gaie tout à coup.

— Laura chérie, inutile de chercher une raison. Tu fais ce que tu veux, bien sûr.

Le voulait-elle, sortir ? Pour aller où ? Alors qu'ils étaient sa seule famille et que la joue de Michel, rougie par le feu, était chaude en effleurant la sienne.

— Tu as ta clé, n'est-ce pas, lui murmura-t-il en l'aidant à mettre son manteau.

Dans l'ascenseur, Laura se sentait encore étourdie par la rapidité avec laquelle elle s'était retrouvée dehors.

18

Elle avait résilié la location de son studio. Sonia Andreievna, soupçonnant qu'elle s'installait chez la Rouge, ne le lui avait pas pardonné. Il ne lui restait donc qu'à affronter la nuit. Elle allait sans but, sans intention. A elle les rues sombres, les avenues scintillantes, les rames de métro, leurs portes ennemies qu'elle franchissait à la hâte, au dernier moment, si incertaine qu'elle risquait à chaque fois de s'y broyer les os, prisonnière de leur loi d'automate. A elle les autobus cahotants qui se vidaient vers des terminus périphériques, les bateaux-mouches bruissants d'accents étrangers, les taxis auxquels elle inventait des destinations précises, les fauteuils rouges d'un cinéma de quartier, les giclées de lumière des boîtes de nuit sur les trottoirs luisants, les chambres d'hôtel où elle s'effondrait une heure ou deux, hébétée de fatigue et d'étonnement.

C'était long, si long et si terrible de comprendre — et d'accepter —, peu à peu, qu'elle était l'objet d'un malentendu que sa présence aux côtés de Myriam, ces trois dernières années et surtout le jour de sa disparition, avait en partie provoqué. Michel et Camille supposaient entre elles deux un lien qui leur échappait et ils avaient reporté sur elle tout leur amour. Mais pour mériter cet amour dont elle avait tant besoin, elle devait tenter de lui ressembler en acceptant ce contrat implicite : imiter son comportement clandestin, inventer des rendez-vous nocturnes, simuler une vie parallèle dont ils avaient souffert mais qui les ressoudaient, père et fille, dans la même fascination douloureuse... Feindre, toujours feindre... Elle ne luttait plus maintenant et revenait engourdie d'un mystère dont ils se nourrissaient.

Le plus dur avait été de voir s'allumer, après son départ, la fenêtre du bureau de Myriam. Michel y allait-il seul ? Avec Camille ? La première fois elle était remontée à la hâte, mais, le front contre la porte close, elle s'était apaisée.

D'ailleurs, ses errances nocturnes avaient trouvé un but. Elle rôdait autour du siège de *la Comète,* ne s'en approchant jamais trop, ne souhaitant y rencontrer personne, pas même Simon Sandman. Il lui suffisait de le voir entrer et sortir, seul ou en groupe. De guetter sa silhouette à travers les vitres du journal où il venait parfois la nuit.

Elle s'asseyait sur un banc d'ombre, loin des réverbères, et dévorait des yeux ce monde impossible, cet homme interdit. Après leur nuit d'amour ratée, après son retour dans l'appartement des Dulac, elle l'avait appelé au journal et très vite sa voix sèche, froide et brutale l'avait prévenue qu'il connaissait l'origine de l'article volé et le lieu où elle vivait maintenant. « Je n'aime pas Myriam Dulac. Ni ce qu'elle écrit, ni ce qu'elle représente. Mais parfois je la respecte. Pas vous. Vous avez lâché prise. Où et quand, je n'en sais rien. Une ombre gigotante derrière un front d'adolescente, voilà ce que vous êtes devenue. Moi, Laura, je vous parle en mon nom, avec ma voix malade qui vous dit de vous battre ou de ne plus appeler. »

Laura avait ri parce que ça sentait le discours préparé — pompier en diable. Depuis, la nuit, elle s'installait sur ce banc, en face du journal, et engloutissait des hamburgers, les yeux levés sur la façade de l'immeuble. Elle était bien, elle se rappelait la voix de Simon, imitait ses inflexions étranges. Étrange, en effet, ce souci de vérités inutiles.

Elle continuait d'épier sans intention. Des gens s'asseyaient près d'elle, suivaient son regard un moment, puis s'en allaient. Une nuit, indifférents à sa présence, des amoureux s'étaient longuement caressés. Elle leur avait dit qu'à la Réunion Jérôme et elle n'avaient pas de banc. Ils l'avaient regardée avec inquiétude et s'étaient éloignés en se moquant, serrés l'un contre l'autre. C'était vrai pourtant : ils n'avaient pas de banc mais les genoux en terre, les mains dans les broussailles qu'ils écartaient pour regarder leur mère. Pour lire, elle s'installait toujours dans les racines du même flamboyant, le dos contre le tronc de l'arbre. Parfois elle pliait un genou et l'on voyait sa cuisse blanche sous le tissu léger de sa robe claire. Elle n'était pas très attentive. Elle levait les yeux vers le ciel, déplaçait son visage pour fuir un rayon de soleil, elle soupirait, reprenait sa lecture, et c'était toujours ce même va-à-vient insoucieux entre les mots écrits et les images alentour. Parfois une de ses mains se détachait du livre et montait derrière elle, paume ouverte contre le tronc de l'arbre, tout au long de l'écorce dont elle suivait les sinuosités. Elle restait longtemps ainsi, yeux mi-clos, raison ardente, bras levé, découvrant l'ombre de son aisselle. Laura prenait peur alors en entendant le souffle de Jérôme s'arrêter. Son poing d'enfant se refermait sur les broussailles épineuses ; il se faisait mal. Un soir, au retour, elle avait dû lui enlever une à une trois courtes épines vertes, lécher sa main rougie de sang. Depuis elle n'avait plus voulu se cacher. Elle entraînait Jérôme à découvert, à quelques mètres de leur mère qui les regardait sans les voir et reprenait sa lecture flottante. Jérôme se foutait de ce qu'elle lisait mais Laura avait voulu savoir. Elle avait découvert l'existence du trésor, où sa mère accumulait les textes de cette femme, toujours la même, cet écrivain.

— Qui, déjà, maman ?

— Je te l'ai dit mille fois, Laura, elle s'appelle Myriam Dulac. C'est drôle, tu sais, on est nées le même jour. Quelle vie elle a... Elle se bat ! Elle voyage ! Le monde entier !

— C'est quoi qu'elle écrit ? Ça a l'air chiant !

— Que tu es sotte, ma pauvre fille !... Jérôme, viens ici, mon petit elfe, que je te débarbouille. Tu es sale comme un rêve.

Souvent elle disait n'importe quoi. Elle se détournait de Laura, riait, et Jérôme se précipitait vers elle sans manquer de reprendre au passage la main de sa sœur. Ils chantaient tous les trois sur le chemin du retour et leur père, le buste émergeant des bractées de bougainvillées, leur faisait signe du haut de la véranda. Son sourire, quand ils approchaient, creusait des milliers de rides autour de ses yeux clairs ; ses cheveux fins et blancs bougeaient dans le vent. Il étreignait sa femme accourue et Laura respirait. Elle sentait sur son bras la main de Jérôme qui l'entraînait vers d'autres jeux. Il était à elle, à elle seule à nouveau, et tout recommençait.

— Qu'est-ce que t'as fait ? Mais qu'est-ce que t'as fait pendant ces trois minutes, questionnait-il d'un air courroucé en grimpant dans un arbre. Parle, explique-toi, ma vieille.

Il croisait les bras, la regardait sévèrement du haut de sa branche, d'un rocher, ou d'un tas d'ordures.

Ces trois minutes étaient celles d'avant la naissance de Jérôme. Laura était née la première, dodue et noiraude. Il avait suivi trois minutes après, svelte et blond déjà.

— Faux jumeaux, hurlaient-ils en chœur en réponse aux curieux, perplexes sur leur dissemblance.

Il était sorti « comme une bombe », disait leur mère, attendrie. Ses immenses yeux bleus aux cils décolorés lui bouffaient le visage, semblant chercher sa sœur utérine. Son visage avait mis du temps à se structurer autour de ces deux trous bleus. Il en avait gardé un air de vigile extra-terrestre.

Alors, où était-elle passée, qu'avait-elle fait pendant ces trois minutes, hein ? Laura se mordait les lèvres pour ne pas rire. Quand elle était de mauvaise humeur, elle haussait les épaules et disait platement, pour se moquer de sa question :

— Un œuf à la coque.

Mais la plupart du temps, il lui fallait bien inventer l'une de ces histoires invraisemblables dont Jérôme raffolait. Des histoires de trois minutes, pas plus, qui commençaient toutes de la même façon :

— Il était une fois deux jumeaux dizygotes...

Ils avaient décidé qu'elle était l'aînée. Des livres disaient le contraire : le premier conçu, le dernier sorti.

— Attends, attends, disait Jérôme, un doigt en l'air, tu crois qu'ils ont tiré deux coups à trois minutes d'intervalle ?

Laura en était restée stupide d'étonnement. Non, sans doute pas, mais tout était tellement compliqué dans ces histoires de cellules qui se séparaient, d'ovules doubles doublement fécondés. Après maintes réflexions, ils avaient opté pour la solution la plus plausible : le premier à l'air libre était l'aîné. Jérôme s'était prélassé dans le ventre maternel, tant pis pour lui.

— Soit, acceptait-il sobrement, mais alors toi, pendant tout ce temps, qu'est-ce que tu as fait ?

Et c'était reparti. Elle devait inventer, raconter, inventer encore. Jérôme se vengeait parfois de son pouvoir de conteuse en simulant sa naissance rapide et en apparaissant comme une bombe blonde sur son chemin. Il s'amusait à la surprendre. Mille fois elle avait crié de peur.

— Marre. Marre, j'en ai marre, Jérôme, on n'est plus des bébés. Lâche-moi un peu.

Pour faire sa faraude, elle avait voulu partir en avance pour la France, histoire de les inscrire en fac, de connaître la métropole la première, de vivre un peu seule son droit d'aînesse.

— Mais, Jérôme, ne prends pas cet air tragique, je te raconterai tout.

— Tu oublieras !

— Impossible. Je prendrai des photos de tous les endroits où j'irai, tu verras.

— Et puis, mon petit elfe, toi, tu ne voudrais pas me laisser seule, avait dit leur mère en caressant les cheveux blonds de son fils.

Il avait ravalé ses sanglots, ruminé sa vengeance.

— Quand j'arriverai, Laura, tu ne sais pas ce qui t'attend. Pour une surprise ce sera une surprise. La statue du Commandeur ne sera pas ma cousine.

Parfois, comme cette nuit d'hiver, sur son banc de fortune, Laura croyait encore l'entendre : il avait dit vrai, au fond... L'accident d'avion n'était qu'une mauvaise blague pour brouiller les pistes... Il allait se dresser devant elle comme un laser dans l'azur noir... surgir comme un phare blond qui éclairerait sa nuit, la prendre par la main...

*

Cette nuit-là, Laura se leva comme un automate et marcha vers Simon Sandman. Elle ne l'avait pas vu venir. Ayant arrêté d'un geste la silhouette féminine qui l'accompagnait, il se tenait à quelques mètres de Laura et la regardait avec effarement. Les fenêtres du journal derrière lui s'étaient éteintes. Il devait être très tard. Avant de l'atteindre elle lâcha son hamburger graisseux. Quand il la prit dans ses bras, elle se rendit compte qu'elle sanglotait.

— Mon petit, mon tout petit, répétait-il sans fin.

Elle avait la tête sous son menton, le nez sur son pull, dans l'échancrure de sa veste. Elle fermait les yeux, elle le respirait tant qu'elle pouvait. C'était infernal cette odeur de cigarette, infernal ce qu'il était réel, celui-là. Pas l'air pour deux ronds d'un négatif de pellicule.

Elle s'arracha à lui, recula, tituba, renversa une chaise de jardin, repartit en avant, bifurqua pour l'éviter, se cogna le tibia contre le bois du banc, et courut à perdre haleine. Il était temps de rentrer chez Myriam, temps d'aller jouer avec Michel et Camille au jeu des douze chaises ou au jeu des miroirs. Là-bas, chez eux, c'était chez elle. Maintenant qu'elle connaissait les règles de leur échiquier, elle se sentait en sécurité. Lui, cet homme qui n'avait pas fait un geste pour la retenir — minable salaud ! —, lui, Simon Sandman, quand elle le voyait, elle ne voyait que lui.

19

Louise et Roberto s'activaient dans la cuisine. Avant de partir pour la clinique, Michel Dulac les avait prévenus qu'il invitait des amis le soir même et leur avait laissé tout le soin de l'organisation.

— Il m'avait promis que Mlle Laura nous aiderait, mais tu as vu l'heure, Roberto, elle dort encore.

— Vu l'état dans lequel elle est encore rentrée cette nuit, elle ne va pas être fraîche. Monsieur est vraiment trop bon…

— Je peux vous aider, moi, si vous voulez.

Ils se retournèrent ensemble vers Camille qui tournait, silencieuse, les pages d'un livre à l'autre bout de la cuisine.

— Vous êtes encore là ! Vous avez rendez-vous chez le dentiste, il me semble ?

— C'est vrai, je n'y pensais plus. Je rêvais.

— Mata-Hari ne rêve pas, marmonna Roberto.

Et il lui cria de ne pas oublier son écharpe et son béret.

— Elle l'a retrouvé, le rouge ? s'exclama Louise.

Quand je pense que cette petite teigne m'avait accusée de l'avoir égaré.

Ils continuèrent l'un et l'autre leurs tâches : de l'eau sur le feu, des canetons à préparer, dans le tic-tac de l'horloge... Quand les douze coups de midi retentirent, Louise s'étonna, presque à regret :

— Tiens, l'autre fou n'a pas rappelé, il s'est lassé.

Simon Sandman ne s'était pas lassé : le téléphone sonna à nouveau. Louise lâcha son couteau et prévint Roberto que cette fois-ci elle allait en profiter pour secouer la dormeuse.

— Elle est réveillée. Je vais la chercher. Ne quittez p... Tiens, il a raccroché. Oh ! et puis tant pis, je vais mentir, je la réveille quand même.

Elle laissa le téléphone mural pendre au bout du fil et Roberto lui rendit son clin d'œil complice.

— Je prépare un bol de café salé, ricana-t-il.

Elle se heurta presque, dans l'antichambre, à Laura qui vacillait dans le peignoir bleu trop grand pour elle.

— Café ? balbutia-t-elle en se tenant le crâne.

Louise l'aida, malgré elle, à faire les derniers pas vers la cuisine. Yeux clos sous le regard en coin de Roberto, elle avala deux tasses l'une après l'autre. Soulevant une paupière, elle montra d'un doigt le téléphone décroché.

— Ah oui, décida Louise, quelqu'un vous demande. J'allais justement vous réveiller.

Laura fit des signes effrayés : elle ne voulait pas répondre.

— En voilà deux qui ne sont pas près de se rejoindre, songea Roberto, amusé, en raccrochant.

Elle fixa l'appareil dans l'attente qu'il sonne à nouveau et s'en détourna, déçue, en réclamant un nouveau café.

— Madame… commença Louise, et Laura tressaillit.

— Madame, appuya-t-elle à nouveau, il faut que vous aidiez Roberto pour les courses. Il y a du monde ce soir.

— Bien sûr, dit Laura dans un bâillement. Je vais me préparer.

Elle se leva en s'étirant. Elle ne titubait déjà plus. C'était agaçant ce qu'elle récupérait vite. « A son âge, moi aussi, se souvint Louise. Mais quand même, d'où lui vient cette force inutile ? Normal, elle fout rien… »

— Qu'est-ce qu'on fête ? demanda Laura sur le seuil de la cuisine, en avalant une grappe de raisin.

— Rien de particulier, Madame, appuya Roberto à son tour, le regard baissé sur les canetons qu'il continuait de démembrer. Monsieur dit qu'il est temps de reprendre les habitudes de… d'avant.

— Je vous ai déjà dit de ne pas m'appeler « Madame ».

Sa voix tremblait. C'était toujours ça de pris.

— Monsieur insiste.

Roberto roulait des yeux serviles, jouait la soumis sion indignée de l'oncle Tom. « Rien que pour m'emmerder, pensa Laura. D'ailleurs pourquoi m'aimerait-il ? » Elle tenta de répliquer, arrondissant ses lèvres pleines autour du grain de raisin :

— Mais c'est idiot, nous ne sommes pas mariés !

Et elle poussa un soupir naïf avant de disparaître.

Malgré un signe inquiet de Louise qui écoutait ses pas décroître, Roberto ne se tenait pas de joie, sûr d'avoir mis le doigt, Sherlock Holmes du malheur, sur la faille de Laura, son désir caché.

— Et tu ne risques pas de l'être de sitôt, ma cocotte, approuva Louise. Pas morte, pas divorcés, ils peuvent rien faire... Ah, c'est un sale tour que l'autre donne pas de ses nouvelles.

Et elle fit sauter habilement le cou du dernier caneton avec son hachoir.

— Ça, c'est à voir, glissa sombrement Roberto.

— Qu'est-ce que tu veux dire, doux Jésus ?

— Rien, rien.

Et, se drapant de mystère, il joua quelques instants à ajuster la tête sanglante d'un caneton au corps décapité d'un autre volatile.

20

Quand Roberto s'engagea autour de la Madeleine, il avança difficilement dans le flot des voitures. Comptable du temps, il décida de rester en double file devant chez Fauchon et en prévint Laura qui ne répondit pas. Il eut beau orienter son rétroviseur dans tous les sens, il ne vit pas sa passagère et réprima une grimace d'agacement. Il claqua sa portière en descendant et n'apprécia pas du tout le spectacle qu'il vit à l'arrière : Laura s'était endormie, pelotonnée sur la banquette de cuir noir, la liste des courses serrée dans sa main pendante. Il n'apprécia pas davantage de constater que, pour étendre sa jambe, elle avait appuyé sa chaussure contre la vitre. Pas plus que sa tenue négligée, jean et ballerines, pour pénétrer dans ce sanctuaire de la consommation. Aucun sens des usages, décidément. Enfin, il s'en foutait après tout ; il ne l'y suivrait pas et la laisserait se débrouiller seule.

Il ouvrit d'un coup sec et la jambe de Laura, en retombant, déséquilibra sa position et son sommeil. Réveillée en sursaut, elle l'enveloppa d'un sourire immédiat. Parfois, elle paraissait plus jeune que Camille.

— Vous avez des cils de jeune fille, Roberto, c'est fou ce qu'ils sont fournis, surtout ceux du bas. Et vous conduisez comme un ange.

Elle défroissa la liste et la fixa sans la lire.

— Les voitures, les avions, les trains, les escaliers roulants, les ascenseurs, égrena-t-elle en s'éloignant.

Il se mit à nettoyer la vitre sur laquelle la ballerine avait laissé une empreinte sale... Quelle idée de le complimenter sur ses cils. Cela dit, elle avait raison, sa mère le lui avait souvent répété quand il était enfant... Elle avait le pas dansant et il remarqua malgré lui le balancement de son cul sous le jean infâme. Il était sur le point de s'avouer qu'il la trouvait sexy quand brusquement elle s'étira, bras écartés, tête renversée, visage offert à la pluie fine qui commençait à tomber. Elle marcha en aveugle quelques secondes et, du coup, n'évita pas une flaque d'eau brunâtre qui gicla autour de son pied. Elle essuya distraitement le dessus de ses ballerines, d'un mouvement d'échassier, contre le dos de son pantalon et poursuivit son chemin. Il la détesta. Inutile de continuer à frotter, de toute façon elle allait tout encrasser au retour. Celle-là ne savait pas tenir son rang, comme le faisait tout naturellement Madame. Elle arrivait à frimer dans un salon, mais d'une seconde à l'autre un relent de trottoir faisait tout basculer.

Qu'est-ce que Monsieur pouvait bien lui trouver ? Sa jeunesse sans doute ; il avait quelque chose comme quarante-cinq ans, le double de son âge. Oui, sa jeunesse et sa bouche de pipeuse. Roberto s'en voulut aussitôt de cette remarque indigne. Mais pourquoi celle-là qui s'en allait des nuits entières et revenait s'incruster chaque jour un peu plus ? Il en avait tant vu passer des femmes dans cet appartement, pendant les absences de Myriam Dulac. Tant et tant, mais qui ne duraient pas. Il savait toujours avant elles qu'elles avaient fait leur temps. Aucun signe encore n'était venu, ni du père ni de la fille, l'avertir que l'aura de celle-ci — Laura, tiens, amusant — s'évanouissait. Monsieur avait beau s'enfermer dans le bureau de sa femme pour lire et relire les lettres qui arrivaient de là-bas, il levait toujours sur sa jeune maîtresse le même regard possessif et tendre, ébloui de gratitude. Ça, ce regard-là, c'était trop, Roberto préférait détourner les yeux. Odieux ! Mais il se consolait d'avoir la confiance de son maître : après tout c'était lui qui prélevait dans le courrier matinal les lettres aux timbres étrangers, c'était lui qui les remettait en mains propres — « A moi seul, à personne d'autre, vous me comprenez bien, Roberto ? »

Un matin, quelques jours plus tôt, la petite Camille l'avait surpris. « Qu'est-ce que vous faites ? » l'avait-elle interrogé. « Je... je ne sais pas », avait-il balbutié, sous le regard long de l'enfant qui fixait l'enveloppe dans sa main. Il frissonnait encore au souvenir de sa brillante repartie. Mais, bizarrement, après un temps de réflexion, sourcils froncés, le visage inquisiteur de l'enfant s'était métamorphosé, envahi par un trouble qu'elle n'avait pu contrôler tout à fait. Elle avait exhalé un souffle sonore, comme un sanglot d'allégresse, et elle s'était aussitôt éloignée vers la cuisine en serrant contre sa poitrine son bol de chocolat. Tête baissée, elle avait suivi avec un intérêt passionné les tressautements du liquide à chacun de ses pas. Elle ne semblait pas avoir averti son père de cet incident. Qu'avait-elle vu exactement ? En tout cas le docteur ne lui avait fait aucune remontrance sur sa maladresse. Il s'était saisi de la dernière missive avec le même air de détachement que d'habitude, sans l'ombre d'un commentaire.

Roberto décida de chasser toute inquiétude et d'attendre avec dévouement, puisque c'étaient les ordres, le retour de l'intruse.

*

La tenue de Laura ne souleva bien sûr aucune animosité, pas l'ombre d'une curiosité. Elle circula entre les rayons en sifflotant son insouciance, cochant au fur et à mesure toutes les denrées dont Louise avait besoin ; son application était du meilleur effet. La vendeuse qui l'avait prise en charge accumulait les sacs de provisions dans des chariots grillagés qui les précédèrent vers la caisse. Comment préférait-elle payer ? s'enquit-on courtoisement. Elle eut une seconde d'hésitation, le réflexe fâcheux de tâter les poches de son blouson d'un air incertain. La caissière et la vendeuse échangèrent un regard rapide que Laura ne vit pas, ravie de reprendre ses esprits :

— Que je suis bête, il faut que je signe, c'est

tout. Le docteur a un compte ici. Michel Dulac, dit-elle en s'éclairant d'un sourire qu'on ne lui rendit pas.

— En effet... Et vous êtes Mme Dulac, je suppose ? questionna la caissière, d'un air dubitatif, en immobilisant ses mains à plat devant elle.

— Ah !... souffla Laura longuement, fascinée par les dix ongles laqués rouges qui s'étalaient, tout à coup, sous ses yeux — dix coquillages lisses et bombés, qu'on avait envie de toucher tant ils paraissaient irréels au bout des longues mains pleines et blanches...

— Non, non, balbutia-t-elle, je m'appelle Laura Flamine.

Et elle esquissa vers tant de beauté un geste de caresse. La propriétaire des mains les retira si brusquement que Laura leva sur elle un regard étonné. Mais elle n'eut pas le temps de lui dire son admiration : d'un mouvement sec de son chignon, la caissière envoyait déjà sa collègue vers un poste de téléphone, intimant à Laura l'ordre de s'écarter et de laisser le passage aux clients qui, derrière elle, suivaient la scène avec un intérêt très modéré.

Laura fit ce qu'on lui demandait et s'approcha d'un rayon de fruits exotiques. Elle essaya de se concentrer pour ne pas entendre la voix de la vendeuse au téléphone, et embrassa les fruits d'un œil machinal avant de les reconnaître : papayes, kakis, goyaves...

Dans l'air chaud et blanc de la Réunion, souvent leur mère les emmenait à cheval, Jérôme et elle, le dimanche matin. Ils allaient rejoindre dans la plaine une horde de cavaliers qui s'égaillait entre les herbes hautes, les arbustes drus et coupants, pour rassembler des chevaux sauvages ou un troupeau de vaches. Ils lançaient un cri, roulé dans la gorge, qui bondissait vers le ciel, avec les lassos et les fouets longs de cuir. C'était un son très difficile à reproduire. Jérôme s'y exerçait des nuits entières. Laura se bouchait les oreilles dans leur chambre commune, mais reconnaissait plus tard que ses efforts n'avaient pas été vains : il passait au galop, livide d'excitation, et tournait vers elle son visage troué d'une bouche énorme qui lançait à l'infini son roucoulement menaçant. Il faisait, contrairement à sa sœur, un très bon rabatteur et les vachettes sonores se pressaient devant lui, vers la « piscine aux tiques », ce couloir d'eau purifiante creusé dans du ciment et bordé de goyaviers. Les animaux devaient le traverser pour se débarrasser de ces petits parasites infectieux fixés dans leurs poils qui leur bouffaient le sang. Jérôme et elle se gavaient de goyaves pendant que les bêtes se jetaient à l'eau, une à une, lourdement. Pour les encourager à traverser, son frère bombardait les têtes dépassant de l'eau de ces fruits lourds et tendres qui éclataient entre leurs yeux affolés. C'était un jeu cruel qu'elle n'aimait pas. Jérôme en rajoutait, il se forçait à faire l'homme en bombant son torse frêle.

*

— Excusez-moi, docteur, mais nous n'étions pas prévenus… Oui, bien sûr, nous le saurons pour la prochaine fois.

La vendeuse se composa un visage affable. Elle sursauta en le tournant vers Laura : celle-ci écrasait contre ses lèvres un fruit trop sucré qui dégoulinait sur son menton, lui barbouillait le nez et les joues. Elle lui tendit son mouchoir — il fallait en finir — et la pria de signer au bas d'une longue facture.

— Je signe quoi, demanda Laura d'un air perdu.

— Je ne sais pas, ce que vous voulez, votre nom, n'importe quoi.

Laura sembla hésiter et traça laborieusement les lettres de son nom. Elle n'en finissait pas de le regarder, de l'admirer. Elle ne le lâchait pas. L'autre eut du mal à lui arracher la facture des mains. Laura, la bouche pleine, marmonna quelque chose en s'essuyant les mains sur son blouson. Et puis elle cria :

— Je vous ai posé une question !

— Excusez-moi, je n'ai pas compris.

— C'est quoi, vous, votre n'importe quoi ?

— Comment ?

— Votre nom, articula Laura d'un air féroce en la saisissant par le revers de sa blouse.

La vendeuse la fixait, épouvantée. Les gens autour d'elles ralentissaient. Elle rencontra le regard inquiet de la caissière sous la ligne épilée de ses sourcils.

— Denise Belmont, murmura-t-elle avec peine.

Laura lui secoua la main, le coude, tout le bras, d'une poigne énergique.

— Enchantée, enchantée, répéta-t-elle à plusieurs reprises, et il y avait dans ses yeux une lueur folle, enfantine.

Denise Belmont, donc, la regarda s'éloigner derrière les chariots avec soulagement. Mais très vite elle sentit son estomac se contracter. Laura s'était arrêtée et fonçait droit sur elle. Elle lui rendit son mouchoir et l'embrassa rapidement sur la joue. C'était un baiser dégoûtant, tout poisseux de goyave, mais c'était gentil. Elle reprit sa tâche et ne put bientôt réprimer un sourire : la caissière, derrière sa cage de verre — tiens, comment s'appelait-elle déjà ? —, la suivait d'un œil soupçonneux.

21

En tambourinant sur la carrosserie, Laura annonça à Roberto qu'elle laissait tomber les courses. Elle avait son air buté qu'il détestait et il ne put lui soutirer aucune explication. Il eut peur de se faire engueuler si elle n'était pas de retour pour la réception du soir.

— Je vous dépose ? cria-t-il derrière elle tandis qu'un groom remplissait le coffre de tous les paquets Fauchon. Je vous dépose et je vous attends ?

Elle tapa du pied sans même se retourner, fit signe que non et grimpa dans un bus.

Elle avait un point de côté, une ampoule au pied et de l'air plein les joues quand elle arriva à son ancienne adresse, rue Servandoni. « STUDIO À LOUER SOUS LES TOITS » : l'affichette collée contre la paroi était toujours à la même place. Laura sentir son cœur s'apaiser et frappa contre la vitre des coups joyeux.

— Sonia, ouvrez, c'est moi, Laura. Laura Flamine.

La vieille dame mit du temps à apparaître. Laura eut de la peine à la reconnaître : elle était si petite, pieds nus dans sa robe de chambre molletonnée qu'elle serrait autour d'elle ! Elle avait vieilli, semblait malade ; en ouvrant la porte, elle déplaça une méchante odeur de médicaments et d'eucalyptus. En découvrant Laura, elle eut le réflexe malhabile d'arranger ses cheveux autour de son front. Et puis elle sourit d'un seul coup, en cachant d'un geste gracieux un trou noir dans le bas de son visage. Elle trottina vers un placard — de dos plus fragile encore, plus incertaine — et Laura, bouleversée, crut entendre un léger cri de douleur quand, d'un geste furtif, elle introduisit son dentier dans sa bouche. Mais déjà la vieille dame tournait vers elle ses yeux clairs et malicieux.

— Venez, mon petit, je suis mieux au lit.

Laura, aux aguets, la suivit dans le réduit qui lui servait de chambre. Il y avait des bouquets de fleurs partout. Trop.

— Ce sont les fleurs de votre amoureux qui continuent d'arriver, rit-elle en se blottissant dans son lit. J'en profite.

Ah ! oui, Simon, pensa Laura froidement, et elle vit, fugitive et sans émotion, l'image de son corps au-dessus du sien. En s'asseyant avec raideur sur le lit que tapotait la petite main osseuse, elle sentit, tendu, chaque muscle de son corps.

— ... là-bas, ils ne veulent plus me garder. Grâce à vous, j'ai une vraie chambre de malade. C'est mieux qu'à l'hôpital, non ?

Laura n'essaya pas de feindre ni de sourire. Elle ne la quittait pas des yeux. Elle attendait.

— Je suis malade, Laura.

— Oui.

— Un truc à la mâchoire, vous comprenez, une sorte de cancer.

— Oui, dit encore Laura avec énergie.

— Je vais mourir, ajouta la vieille dame, en lissant doucement la couverture entre elles deux.

Laura secoua la tête. Elle n'était pas d'accord. Elle dit que non, qu'elle allait reprendre son studio là-haut, s'occuper d'elle, et aussi qu'elle adorait le tarot finalement, qu'elles allaient faire des parties fantastiques, interminables comme... comme... elle ne savait plus... comme bonjour ? Elle s'arrêta parce que Sonia Andreievna riait en se tenant la joue et que ses yeux s'affolaient de souffrance. La vieille dame se reprit bientôt pour lui annoncer, d'un souffle haché, que c'était trop tard.

— Tout, Laura. Pour le studio aussi. Je suis désolée. Il y a un nouveau locataire. Je n'ai pas eu le temps d'enlever l'affiche. Je vois bien à votre tête que vous m'en voulez, que vous n'êtes pas contente. Mais vous sembliez si sûre de vous. Je n'ai pas pu attendre.

— Quand même, dit Laura, vous charriez.

Et elle ferma les yeux le temps d'un vertige — le temps d'une chute lente vers les deux petits monticules de laine que soulevaient dans le lit les genoux fins de son amie.

— Vous charriez, Sonia, redit-elle en écrasant son souffle dans la couverture, en se cramponnant à elle.

La petite main pâle et tachetée vint se poser sur ses boucles et les effleura en un lent va-et-vient. Laura sentit une houle de révolte l'envahir. Tous ses muscles, tout son corps résistaient et la peau de son crâne se hérissait de mille piques. Elle pensa à toutes les mains qui lui avaient caressé les cheveux, à tous ces gestes qui la désarmaient, lui enlevaient ses forces. Elle s'arc-bouta, les mâchoires serrées, tandis que sa nuque se pliait aux caresses, semblait les implorer.

« Je ne pleurerai pas », se jura-t-elle, et elle s'obligea à écouter la litanie frêle qu'un claquement de dentier parfois suspendait. Ah ! l'impression de caquetage, c'était donc ça !... Horreur, horreur...

— ... ne pas revenir en arrière, Laura, j'ai eu de la peine de votre décision, bien sûr, mais maintenant il faut que vous alliez jusqu'au bout...

« Mais de quoi ? de quoi ? » pensa Laura en acquiesçant désespérément de la tête.

— Vous avez trop d'énergie, trop de vaillance, comme disait votre chère Myriam, pour n'en rien faire. Retournez d'où vous venez, c'est là-bas qu'il faut chercher maintenant. Je ne veux plus vous voir ici. Il faut que vous partiez, petite. Votre regard va redoubler ma souffrance. Il faut que je libère ma bouche de ce truc qui me fait mal. Je vais mourir. Je suis contente que vous soyez prévenue. Je n'aurais pas voulu vous faire cette surprise... Je n'ai jamais aimé votre histoire d'avion.

— Mais pourquoi ? chuchota Laura.

— Pourquoi... mourir ? Mais parce que j'ai mal. Pourquoi j'ai mal ?

Laura s'horrifia en entendant l'écho contenu d'un rire. Non. Non, assez ! Par pitié !

— ... ça, je ne sais pas. Les médecins, ils n'expliquent pas. Ils ne disent rien. Allez, partez.

La petite main ferme desserra l'étreinte de ses bras, lui tira les cheveux et Laura s'en alla comme une somnambule en emportant entre ses dents une touffe de laine. Dans la loge, sur son passage, une pendulette se mit à sonner. Elle lui cracha dessus, poils et salive, toute sa haine. Le coup du gong fatal, pas question. Marcher.

22

Le front contre la porte, elle sut qu'elle avait bien failli ne pas revenir. Mais ce qu'il y avait d'extravagant boulevard Malesherbes, c'est que jamais personne ne s'inquiétait de son emploi du temps, ne s'alarmait de ses absences. Dès qu'elle était là, chacun semblait noter discrètement sa présence — pas son retour, jamais ; sa présence.

— Où est Camille ?

Elle se rappela aussitôt, en baissant instinctivement le ton, que dans cette maison toute hâte était déplacée.

— Elle s'occupe du plan de table. Par là, ajouta Louise en lui indiquant d'un signe de tête la salle à manger, comme s'il eût été normal que Laura pût l'oublier.

A travers les portes à demi vitrées, elle vit la silhouette de Camille près de la longue table nappée de blanc. Elle portait une minijupe de cuir, des collants de laine noirs et des souliers vernis. Un mince soutien-gorge de voile transparent que Laura ne lui connaissait pas soutenait son buste qui n'en avait nul besoin. Elle semblait perplexe. Son expression, mélange d'avidité et de méfiance, était celle d'un enfant devant un jouet nouveau. Appuyée d'une fesse à l'angle de la table, où chaque assiette s'ornait d'un petit carton blanc, elle torsadait d'une main ses lourds cheveux blonds et caressait de l'autre le nom calligraphié d'un convive. Laura vit mal le carton mais tout entier le geste d'enroulement, sa précision arrogante, monotone, qui lui venait de Myriam. Elle se força à bouger et poussa la porte vitrée. Camille tressaillit et se pencha pour ramasser le carton qui lui avait échappé.

— Tu m'as fait peur !

— Peur ? dit Laura dont la curiosité s'accrut de la confusion écarlate de l'enfant. Tu serais bien la première à qui je ferais peur.

— Peur, c'est tout, reprit Camille sèchement, et elle se détourna pour poser près de l'assiette blanche et dorée le carton qu'elle examinait quelques secondes plus tôt.

— Tiens, je t'ai acheté quelque chose.

— Un cadeau ?

Laura le lui tendit. Quelle grâce dans le sourire soudain, dans le cou qui se penche, dans les doigts qui froissent le papier.

Le béret rouge resta au bout des mains raidies de Camille puis disparut à nouveau dans un bruissement nerveux.

— J'en ai déjà un. C'était inutile.

— Tu l'as retrouvé ? Où ?

Laura feignit l'étonnement avec tant de lourdeur

hypocrite qu'elle vit se durcir le regard de l'enfant, qui hocha brièvement la tête et s'éloigna.

— Camille !

Elle s'arrêta et tourna vers Laura un profil maussade tandis que, lentement, la torsade de ses cheveux se dénouait.

— Oui ?

— Ça t'en fera deux comme ça, bredouilla-t-elle d'une voix étranglée en adjurant intérieurement l'enfant de lui parler, de se confier.

Camille se retourna et l'enveloppa d'un regard où le mépris grandissait. Laura voyait ses seins pâles, palpitants, contenus.

— Non, merci.

Laura fit volte-face aussitôt, les joues en feu. Qu'est-ce qui lui avait pris ? Qu'avait-elle quémandé comme une gueuse, qu'avait-elle marchandé comme un charlatan, qu'avait-elle mendié qu'on lui refusait ? Qu'avait-elle besoin de bousculer cette enfant calme et l'ordre régnant ?

*

Encastrée dans du bois de sapin, la baignoire était longue et plus large qu'un cercueil. En retenant son souffle, Laura s'ingéniait à flotter de tout son long, les bras contre le corps. Elle parvenait peu à peu à ne faire émerger que ses dix orteils, le cercle parfait de ses genoux, la courbe de ses cuisses, l'avancée drue de son pubis, un mince cratère de chair autour de son nombril, l'abrupt rapide de ses seins clairs, l'arrondi pointu de ses épaules, et puis tout son visage, du menton au sourcil, qu'un masque de beauté, gras, presque phosphorescent, dessinait. Le poids de son crâne entraînait sa tête vers l'arrière, enfonçant sous l'eau le début de son front masqué lui aussi, et ses boucles, plus brunes encore d'être mouillées, faisaient autour de son visage immobile un halo d'algues sombres et dansantes. Entre ses cils mi-clos, elle voyait ses mamelons roses apparaître et disparaître au rythme léger de sa respiration. Elle n'en voyait pas plus. Le moindre battement de cils aurait pu détruire son fragile équilibre liquide.

Bien qu'aucun son ne fût venu l'en prévenir, elle sut que quelqu'un pénétrait dans la salle de bains quand un frôlement d'air vint rafraîchir chacun des points de son corps maintenus hors de l'eau. Et toujours le silence. Laura comprit qu'on l'observait, mais se concentra sur la division liquide de son corps. Autour de son visage, les algues noires continuaient leur imperceptible remuement. Peu à peu, sous le regard inconnu, la peau de ses mamelons se contracta, s'étrécit jusqu'à lui faire mal.

Brusquement une chair, douce et brutale, heurta ses lèvres… Elle poussa un cri et, dans les remous qui suivirent, manqua s'étrangler. Elle reconnut, avant de la voir, le rire en cascade de Camille, ce rire énervé de jeune fille qu'elle réservait d'ordinaire à son père.

— Tu avais l'air d'une morte, lança-t-elle en redoublant de rires.

Laura essuya longuement ses jambes avec la serviette tendue et prit le temps de l'observer à la dérobée. L'enfant était sous le coup d'un choc, et ce n'était certes pas la nouvelle du retard de son père — « Il a téléphoné, il faut que nous recevions les invités sans lui, il ne va pas tarder » — qui en était la cause. Elle riait encore de façon sporadique et ne cessait de se frotter la bouche, blanchie par le masque gras qu'elle avait embrassé. Mais elle s'interrompit en levant un coude craintif quand Laura, venue vers elle d'un pas ferme, lui ôta de la joue, le plus tendrement qu'elle put, la dernière trace blanchâtre.

En enfilant le peignoir bleu de Myriam posé près de la baignoire, Laura entendit le froissement d'un papier, et retira de sa poche une enveloppe récemment timbrée d'outre-mer. Adressée à Michel Dulac, l'enveloppe ouverte était vide.

23

Quand Laura pénétra dans le salon, ses talons s'enfoncèrent dans une épaisse moquette blanche que l'on venait de poser. Elle s'avança vers les premiers invités que Camille recevait seule, disant avec application un texte rituel qui proposait boissons et petits fours.

— ... je vous recommande les languettes au fromage, elles sont délicieuses.

Elle semblait avoir retrouvé sa vivacité et relançait une conversation convenue entre quelques amis de son père qui tournèrent vers Laura des visages empruntés. S'ils s'étonnèrent de la robe d'été qu'elle venait d'arracher à la penderie de Myriam et qui couvrait trop légèrement son corps, ils n'en laissèrent rien paraître.

Après un instant d'hésitation, Camille bondit sur ses pieds en annonçant très vite :

— C'est Laura.

Sans laisser aux hommes le temps de se lever, aux mains de se tendre, elle la conduisit vers un fauteuil un peu à l'écart et reprit une conversation qui délibérément l'excluait. Laura répondit aux sourires curieux et échangea quelques monosyllabes avec un invité que le babil de Camille semblait ennuyer. Sa conviction était sympathique. Il parlait avec colère d'un film gâché par sa lumière…

« En revanche, enchaîna-t-il en plissant les yeux, le duvet sur votre bras et le cerne sous votre œil gauche, éclairés par les flammes latérales, c'est très beau. »

Laura s'agita gauchement dans son fauteuil, tandis que les regards convergeaient vers elle.

— Qui êtes-vous ? s'enquit-il abruptement. Après tout, Camille ne vous a pas présentée.

Il y avait dans sa voix l'évidence d'un reproche et Laura vit Camille blêmir. Elle lui vint en aide aussitôt :

— Je suis son amie… et je suis photographe, ajouta-t-elle pour éloigner l'intérêt.

Comme elle s'y attendait, son interlocuteur revint à ce qui le préoccupait.

— Ah, ce métier de l'impossible instant ! jeta-t-il avec fougue.

Il discourut avec simplicité sur l'arrêt de l'objectif, la rencontre du geste et de la lumière, le guet de l'instant à saisir.

— Bref, conclut-il avec humour, comme le disait déjà Bach de la musique : il suffit d'appuyer sur la bonne touche au bon moment.

Laura, bizarrement, sentit le sang affluer dans ses doigts. Elle en ressentit un élancement de souffrance assez agréable et se surprit à sourire. Elle regarda cet inconnu avec curiosité, puis avec gratitude. Chacun des convives cherchait maintenant à illustrer ses propos. On n'entendait plus le bruit des verres ni le creux des répliques. Les nouveaux arrivants s'intégraient facilement à ce cercle accueillant.

Seule Camille continuait de tressaillir à chaque coup de sonnette. Laura aurait donné n'importe quoi pour la voir s'apaiser. Mais elle se forçait à ne rien manifester. Elle savait que cette petite silhouette noire suivait du mieux qu'elle pouvait, sur ses chaussures vernies, son chemin de funambule et qu'elle, Laura, ne pouvait l'aider. Elle ne pouvait que suivre, comme des guides improbables, les pauvres pièges que l'enfant lui tendait. Quand celle-ci, vulnérable et triomphante, revint de l'entrée suspendue au bras d'une grande jeune femme rieuse et décidée qu'un austère mari suivait, Laura se mit avec lassitude aux aguets.

— Michèle Buisson. Son mari, le docteur Buisson, présenta Camille sans quitter des yeux l'arrivante.

— Mon Dieu, que tu as grandi, Camille ! Je l'ai connue haute comme ça ! Elle passait entre mes jambes sans même se baisser.

Camille eut un rire gai et gêné. Elle fuyait le regard de Laura qui attendait, avec une nonchalance feinte, que se précisent les contours du personnage.

— Papa a été ravi d'apprendre que vous étiez rentrée de Californie. Il sera très heureux de vous voir, insista-t-elle d'une voix cisaillée d'aigus, en suivant l'avancée de la jeune femme parmi les invités.

— Vous êtes une amie de Michel ? questionna quelqu'un. Nous l'attendons tous impatiemment.

Laura entendit alors, avec un serrement de cœur, s'élever la réponse qu'elle prévoyait :

— De sa femme surtout !... Myriam a été mon professeur à Sciences Po quand elle enseignait encore. Comme j'étais assez nulle, précisa-t-elle en riant, elle m'avait donné quelques cours particuliers qui m'ont été très utiles par la suite. Cette femme était si extraordinaire... Elle l'est toujours d'ailleurs.

Avec beaucoup de naturel et de courage, elle fit face au malaise qu'elle sentait monter autour d'elle. Son mari se servait un whisky. On ne voyait pas son visage. Il n'y avait peut-être rien à voir. Quant à Laura, le profil que Camille levait sur la nouvelle venue suffisait à la bouleverser. Elle avait la gorge sèche et, malgré l'évidence des projets de Camille, elle vécut l'arrivée de Michel, le brouhaha qui s'ensuivit comme une délivrance paradoxale : il valait mieux avancer...

— Désolé, désolé, disait-il, une main à rafistoler. J'ai failli oublier un doigt, ça n'en finissait plus.

— Fais pas ton malin, personne n'est plus consciencieux que toi, répondit en collègue jovial un des invités. Tu lui en aurais plutôt collé six...

Au milieu des accolades, des baisemains, de la bousculade polie, Laura entendit la voix poignante de Camille :

— Papa, papa, tu ne reconnais pas Michèle Buisson ?

— Si, bien sûr. Ma chère Michèle, quel plaisir.

Mais trois secondes après, il étreignait Laura, lui parlait à l'oreille :

— Tu es splendide. Quelle bonne idée cette robe !... Je suis désolé... Ça n'a pas été trop dur ?

Elle le regarda avec curiosité. Il avait l'air tendre, sincère. Elle souffrit de l'imaginer enfermé dans le bureau de Myriam, lisant, ce matin peut-être, la lettre mystérieuse, la lettre décachetée, la lettre qu'il ne partageait pas...

— Camille est parfaite, répondit-elle doucement.

Il la prit par la taille, se retourna vers ses invités et réclama le silence.

— Comme vous êtes tous mes amis, je n'ai rien à vous cacher, commença-t-il. Je voulais vous présenter Laura. Elle est devenue ce que j'ai de plus cher au monde.

Il y eut un silence, quelques exclamations, et Michel rencontra tout à coup le visage arrêté de sa fille.

— Après mon petit cerbère, bien sûr, ajouta-t-il en pointant vers elle un doigt persifleur.

Michèle Buisson découvrait Laura avec étonnement. Elle entoura d'un geste machinal les épaules de Camille qui se dégagea pour rajuster longuement un nœud de satin sur sa chaussure vernie. En se relevant, elle sourit d'un air contraint et annonça, dans un souffle :

— A table. C'est prêt depuis longtemps.

*

Elle ne regarda pas son père ni Michèle Buisson découvrir qu'ils étaient placés côte à côte.

— Je crains que vous ne m'ayez pour voisine, mon cher Michel.

— Ma chère Michèle, je m'en réjouis. Pourquoi le craindre ?

Leur dialogue amusé la laissa indifférente. Elle semblait désabusée, sans espoir, et ses voisins tentèrent en vain de la dérider. Elle mangeait vite, les yeux baissés. Elle essuyait ses lèvres boudeuses, jouait à émietter son pain sur la nappe. Laura conversait avec application, tout en surveillant la moue indifférente que démentait le travail nerveux des mains. Elle pétrissait des miettes qu'elle disposait ensuite, une à une, autour de son verre, en un lent encerclement.

Au bout d'un moment, elle découvrit le bleu rapide de ses yeux et reprit son occupation : le rire uni de son père et de Michèle Buisson venait de retentir. Elle rit à son tour quand, un peu plus tard, Louise tenta à trois reprises de glisser un plat entre leurs deux visages rapprochés. Ils étaient si absorbés l'un par l'autre qu'ils ne s'en rendaient pas compte. Laura fut bientôt sûre de pouvoir lire sur leurs lèvres lointaines, et qui semblaient se chercher, le prénom de Myriam.

24

— Chut ! Chut !

Les conversations faiblirent pour aboutir à un silence parcouru de rires furtifs. Dans le salon réinvesti, les meubles avaient été poussés sur le côté pour faciliter le trajet d'une balle de golf sur la moquette blanche : elle vint s'arrêter à peu de distance de son objectif, un abri cartonné ouvert sur l'une des faces.

— Bravo !

— Pas mal !

— C'est mon tour maintenant, décida Michèle Buisson, l'instigatrice du jeu.

Armée d'un club de golf, elle visa et joua adroitement. Après un parcours net et rapide, la balle pénétra dans le trou de fortune. Un applaudissement général salua sa performance. Elle s'inclina longuement sous l'ovation. Camille et quelques invités qui semblaient assez gris traversèrent le terrain improvisé pour lui serrer la main. Michèle Buisson rayonnait de gaieté et reçut leurs compliments avec une condescendance feinte. Elle parla des dix-huit trous qui, à Los Angeles, l'entraînaient sur des kilomètres d'exil souriant. Camille avait glissé sa main dans celle de son père et la serrait avec ferveur.

Un peu à l'écart, cachée par les larges feuilles d'une plante tropicale, Laura observait la scène. Une rêverie sans émotion l'avait statufiée là, au retour de la cuisine où elle avait été chercher jus d'orange et liqueurs. Fascinée, elle suivait la petite balle de golf qui continuait ses brusques parcours, attendue, encerclée par des mocassins sombres, des chaussures lacées, des escarpins aigus qui la poursuivaient à travers le salon.

— A moi ! A moi !

C'était Michel Dulac que chacun encouragea : Laura reconnut ses lacets trop longs qui bougeaient sous les revers impeccables de son pantalon gris. Le club caressa plusieurs fois la balle pour la mettre en position. Ses tentatives maladroites suscitèrent des reproches parmi lesquels se détacha une voix conseillère. Michèle Buisson déplaça derrière lui ses chevilles nerveuses.

— Vous vous y prenez mal. Vous enfoncez trop votre club. Vous devez tenir compte des poils de la moquette.

A petits coups secs, son escarpin se ménagea un passage entre les chaussures du joueur et lui ouvrit les jambes.

— Michèle est très forte, laisse-toi faire, papa.

Où était donc passée Camille ? Laura s'obstinait à ne pas lever les yeux. Ah ! voilà... Ses chaussures plates gambadaient, ralentissaient, se haussaient maintenant, cassant dangereusement leur cuir lisse et brillant.

— Laisse-toi faire, je te dis.

La dernière syllabe disparut dans sa gorge et ses pieds retombèrent, barques noires échouées dans le flot de laine blanche.

Laura soupira et ses yeux remontèrent le long des deux corps étroitement plaqués : Michèle Buisson enserrait le buste de l'homme, ses seins écrasés contre son dos, guidant de ses bras le mouvement du club. Il feignit de vouloir se dégager :

— Je ne peux pas me concentrer, vos cheveux me chatouillent la joue.

Laura sentit qu'on lui enlevait des mains le plateau de rafraîchissements. Le docteur Buisson la regarda se masser les poignets et, après s'être débarrassé à son tour du plateau, lui tendit un verre d'eau-de-vie.

— Avouez qu'il y a des balles plus meurtrières.

— Avouer ? murmura-t-elle en tressaillant, l'esprit ailleurs. Elle nota néanmoins le tuyau rongé de la pipe écartant des lèvres sèches et des dents fugitives.

Ils suivirent ensemble le balancement de la tige vers la balle arrêtée qui attendait le coup.

— Raté ! Raté, à moi ! C'est mon tour !

Mais le docteur lui parlait à nouveau. Elle se tourna vers lui à contrecœur. Il lui dit qu'il était heureux qu'elle prenne soin de Michel, qu'il avait besoin d'elle, que sa femme lui avait fait du mal. Laura suivait le cheminement du liquide dans sa gorge, âpre et fade à la fois.

— Ils étaient amis d'enfance, le saviez-vous ? Ils se sont mariés très jeunes. Après la naissance de Camille, Michel a cessé peu à peu ses périples humanitaires. Myriam ne l'a pas compris, pas plus que sa reconversion en chirurgien plasticien. Ils n'ont cessé de se combattre. Tout leur était bon pour prendre leurs marques, pour se mesurer. Il semble bien qu'à ce jeu fatal Michel ait gagné.

— Fatal ? demanda Laura doucement. Gagné ?

Le docteur la toisa avec méfiance. Et puis ses yeux s'adoucirent derrière une volute de fumée.

— Faute de combattants. Myriam n'est plus là.

— Vous êtes sûr ? murmura Laura dans un rire incontrôlé.

Elle le haït de se joindre à elle, de lui faire écho.

— Et pour cause, ajouta-t-il gaiement. Allons, Laura, vous êtes une femme douce et habile. Je crois en vous, en votre persévérance. Je sais que vous ramenez peu à peu Michel à la raison, aux limites de son jeu. A la douceur de vivre. C'était une femme effrayante, impossible. Grâce à vous, il en a triomphé.

Elle s'excusa : la fumée lui piquait les yeux, ses devoirs de maîtresse de maison l'attendaient un peu plus loin. Elle sentit qu'il la suivait des yeux et croisa sans les voir des sourires qui lui répondaient. Le sien n'en finissait plus.

Elle se retrouva dans la salle de bains et vomit longuement au-dessus du lavabo. Elle se passa de l'eau sur le visage et implora de Myriam un pardon. Pardon d'avoir écouté cet homme, pardon d'avoir été complice de ses mots qui parlaient de défaite, alors qu'elle, Myriam, avait vaincu le misérable chaos qui habitait les cœurs. Elle lui dit qu'elle l'aimait et qu'elle allait la rejoindre de l'autre côté de l'Océan, sur cet autre versant de sa vie où elle se tenait debout, bras tendus, mains ouvertes.

Quand elle se releva, ce fut avec la ferme détermination de la rejoindre, par n'importe quel moyen, là où elle se trouvait réellement, et non plus sur les traces qu'elle avait laissées ici, dans sa famille.

Elle traversa le couloir et, dans la chambre à coucher, se pencha sur la table de nuit de Michel. La clé du bureau de Myriam, qu'elle avait souvent contemplée sans oser la toucher, ne s'y trouvait plus. Tant pis. Fracturer la serrure. Enfoncer la porte. Habitée par une force nouvelle, elle croisa sur son chemin Camille qui se figea à son approche.

— Qu'y avait-il dans l'enveloppe que tu m'as laissée ? lui demanda-t-elle simplement.

Camille ouvrit la bouche, agita ses boucles blondes et battit en retraite dans le salon sonore. Laura s'avança vers le bureau interdit. La clé était sur la porte entrouverte.

La voix de Michel lui parvint, basse et feutrée. Elle l'aperçut, ainsi que Michèle Buisson, courbés tous deux sur des photos de Myriam qu'ils commentaient ensemble, comme les vestiges d'un panthéon familial. Ils parlaient d'elle comme d'une morte que Michel faisait revivre à sa guise, par des chuchotements successifs.

Laura préféra se cacher quand ils sortirent après cette communion dévote et ridicule. Elle leur aurait ri au nez. Myriam était bien vivante et elle, Laura, allait la rejoindre. Une main sur l'épaule de la jeune femme captivée par tant de douleur, Michel oublia de refermer derrière lui la porte du sanctuaire. En se glissant à l'intérieur, Laura vit, à quelques mètres d'elle, Camille l'épier à nouveau, une main sur la bouche, les yeux liquides, comme implorants. Toutefois, elle ne cria pas et ne fit rien de plus pour empêcher Laura d'entrer.

Il n'aurait plus manqué que cela. Il fallait savoir ce qu'elle voulait. Son père, libéré de tout amour durable ? Quelques vestales de passage, ravivant les cendres de sa mère disparue ? Soit.

Laura referma silencieusement et fit quelques pas dans la pièce sombre. Elle sursauta en entendant la clé tourner dans la serrure, le pêne glisser dans la gâche. Enfermée. Il était décidément trop tard pour reculer. Elle savait que Michel ne lui pardonnerait pas ce qu'elle allait faire.

Elle s'avança dans l'obscurité, vers le bureau vitré où luisait, captif, l'éclat d'un réverbère nocturne.

25

Je vais tomber, c'est sûr. Je vais tomber.

Plaquée contre la façade de l'immeuble. Des épaules jusques aux reins contre la pierre froide. Quelques centimètres seulement d'appui sous mes pieds. Et la rue en bas, le vide, six mètres au moins de vide sous mon corps. Je vais tomber, m'écraser sur le trottoir défoncé, mais je ne lâcherai pas mon butin. Je vais tomber si je bouge, si je respire trop fort. J'ai entendu Michel me chercher, m'appeler. J'ai entendu son pas errer dans le couloir, s'approcher du bureau de Myriam.

— Laura ? Où est Laura, Camille, elle est sortie ?

— Je ne sais pas...

J'ai essayé de ne pas m'affoler. J'ai rassemblé à la hâte les lettres accumulées, refermé le tiroir à double fond, cette cachette dérisoire que ma main, si vite, a touchée. Les lettres, il y en a tant. Toutes venues de là-bas, d'au-delà des mers. Dans l'obscurité, j'ai eu du mal à les déchiffrer. Mais j'ai reconnu son écriture. Des lettres de Myriam... Il l'a donc retrouvée et n'en dit rien… Pourquoi ? Au premier bruit de la clef, j'ai fui par la fenêtre… comme une voleuse… En emportant les lettres.

A présent, j'ai peur. Il me fait peur. Pourquoi dit-il qu'il est sans nouvelles ? Pourquoi mentir ?

— Laura ?

Sa voix dans mon dos, si proche, même indécise, même incrédule, fait battre mon cœur plus vite encore. Il a ouvert la porte, s'est avancé. La lumière jaillit derrière moi, se pose sur mon épaule, à travers le voile blanc qui borde la fenêtre.

Il s'est immobilisé, je ne l'entends plus. Son regard doit parcourir chacun des objets. Je ne veux pas de ses yeux sur moi, je ne veux pas rendre les lettres, je ne veux pas qu'il me découvre. Je veux savoir.

Dieu du ciel et des ténèbres, vous qui avez fait périr ceux que j'aime, effacé leurs corps, aboli leurs traces, vous qui m'avez appris la haine, vous en qui je ne crois pas, épargnez-moi ce soir. Faites qu'il ne découvre pas mon larcin. Faites que dans ma hâte tremblante je n'aie rien oublié. Aveuglez-le…

Il pleut. Une pluie fine, insistante, qui commence sur mon visage et mon corps son lent travail de reconnaissance. J'ai froid. Je veux qu'il s'en aille, je n'en peux plus. J'ai une crampe dans la jambe gauche. Mes muscles contractés tressaillent et mon dos, par saccades légères, se détache du mur. Il faut tenir, ne pas penser, absorber des images, seulement des images. Il est tard dans la nuit noire, trouée de cercles lumineux. Sur les façades grises, devant moi, presque toutes les fenêtres sont éteintes. La longue avenue est déserte. De rares voitures, gênées par les travaux, bordent les trottoirs. J'entends la pluie clapoter sur les carrosseries ou dans les flaques qui se forment au pied des réverbères. Des gouttes d'eau s'accrochent à mes cils.

Une musique ténue monte vers moi, par à-coups. D'où vient-elle ? Bouger ma tête lentement, lentement. J'aperçois à travers un pare-brise ruisselant une silhouette indécise et le rougeoiement d'une cigarette. Appeler ? Je ne peux pas, l'élan de mon cri m'entraînerait en avant. Homme ou femme ? Que fait-il, que fait-elle, à cette heure tardive ? Imaginer n'importe quoi, attendre. Je ne peux rien faire d'autre, il faut que je tienne le plus longtemps possible. Encore un peu. Il faut que je laisse Michel se persuader de mon absence, regagner le salon et ses derniers invités. Après ? Après, je verrai, je trouverai un moyen de m'évader. Avec les lettres volées.

Le parquet grince. Le corps de Michel s'éloigne lourdement, comme à regret. Encore un pas pour atteindre la porte et je suis sauvée. Mais non, il s'arrête à nouveau. Qu'a-t-il aperçu ? Le rideau léger que le vent soulève ? Il vient droit sur moi, sur la fenêtre restée entrouverte. Il va comprendre, l'ouvrir, me happer par le bras, m'obliger à lui faire face, à lui rendre les lettres de Myriam. Je ne les rendrai pas. Je les serre contre moi pour les faire entrer dans ma peau, les incruster dans ma chair.

Il referme seulement la fenêtre. Et la vitre, sèchement, sans que j'aie pu le prévoir, heurte mon coude.

Je crie et mes bras, d'un geste instinctif, s'ouvrent

pour repousser l'air. Les lettres s'envolent autour de moi et je tombe. Oui, je tombe lourdement comme un avion sans ailes.

Jérôme, Jérôme, attends-moi.

26

Son cri était resté dans sa gorge. Et Simon Sandman qui ne se décidait pas à agir, à sortir de sa voiture, à monter chez les Dulac, pour l'affronter dans cette famille qu'elle s'était choisie, ne l'aurait sans doute pas entendu. Il se laissait envahir par les rythmes assourdissants d'un orchestre rock. Toutefois, il eut le réflexe de baisser le son de la radio quand il vit tournoyer dans l'air, à plusieurs mètres de sa voiture, quelques rapides formes blanches. L'une d'elles, poussée par le vent, vint se plaquer contre son pare-brise.

Il sortit de sa torpeur, de son indifférence au monde qui faisait de lui, depuis peu, un pestiféré que chacun suivait d'un regard furieux ou apitoyé dans les couloirs du journal. Il fit jaillir la flamme de son briquet et l'approcha de la vitre contre laquelle la chose s'était collée. C'était une lettre, son enveloppe en tout cas. Il écrasa sa cigarette, abaissa sa vitre et tenta de s'en emparer en glissant le bras contre la paroi de verre. Il n'y parvint pas et un coup d'essuie-glace maladroit déplaça la lettre plus loin encore.

Il soupira, ouvrit sa portière et se décida à sortir de son abri d'indécision, à affronter la pluie qui tombait maintenant régulière.

Il aperçut alors une forme humaine qui tentait à genoux, très lentement, de sortir des cordages entourant le chantier de terrassement. Dans cette silhouette chancelante, dégoulinante d'eau et maculée de sable humide, la robe collant à la croupe, les cheveux plaqués sur le crâne, il finit, non sans effarement, par reconnaître Laura !

Un vertige le saisit en levant un regard bref sur la façade de l'immeuble.

— Vite, aidez-moi, murmura-t-elle. Il y en a encore deux sous ce réverbère.

Il mit du temps à comprendre qu'elle cherchait à rassembler les papiers épars sur le trottoir.

Elle avait perdu une chaussure et la rattrapa en rampant vers une lettre qui en rejoignit d'autres dans son poing. Effrayé par le sang sur sa robe à la lumière crue du réverbère, il ne bougeait toujours pas.

— Vite, Simon, vite, supplia-t-elle en pointant vers l'ombre un doigt impérieux.

Il s'éloigna à regret vers les taches claires qu'elle désignait ; il essuya les lettres, d'un geste machinal, avant de les fourrer dans sa poche. Quand il se retourna, il vit la jeune femme tituber vers sa voiture, le bras tendu vers l'essuie-glace qui retenait sa dernière proie de papier. Elle flotta un instant encore et s'abattit de tout son long sur la carrosserie luisante. Elle ne bougea pas quand il la secoua pour tenter de la ranimer. En luttant contre l'affolement qui le gagnait, il réussit à la retourner sur le dos, contre le capot de la voiture. Elle ouvrit un bref instant ses cils noyés de pluie, le regarda et murmura quelque chose qui ressemblait à un merci. Mais non, son regard s'échappait et se fixait au loin, en haut, derrière lui... Il lui sembla qu'une silhouette enfantine disparaissait d'une des fenêtres éclairées. Le visage de Laura s'était éteint. Il n'eut pas à ramasser les lettres. Sa main continuait de les tenir serrées.

Tandis qu'il mettait en marche le moteur de sa voiture, la lourde porte de l'immeuble s'ouvrit et déversa dans la rue une dizaine de personnes. La pluie et le froid précipitèrent, dans des rires, leurs adieux.

27

Mon amour,

Je ne sais pas si ma lettre te parviendra mais l'écrire m'aide à supporter ton absence et notre séparation.

Je travaille quinze heures par jour, avec une sorte de plaisir et de rage, pour faire fuir les heures, les semaines qui me séparent encore de toi. Je veux réussir ce concours dans les trois premières places. Je vois ton sourire narquois, ton œil bleu qui se plisse — aïe ! aïe ! ça fait mal de t'imaginer si précisément —, mais tu as raison de te moquer, c'est première et rien d'autre que je veux être !

Je sens bien autour de moi que mes camarades me prennent pour une cinglée, une monomaniaque. Mais tant pis ! Je me venge en les battant un à un au ping-pong. D'ailleurs, gare à toi, j'ai dangereusement amélioré mon service. Il m'est arrivé un truc bizarre pendant le dernier match. Figure-toi qu'une de mes balles a blessé, presque aveuglé une étudiante, une jeune spectatrice (tout à fait ton genre, pâlotte et grave). Eh bien, depuis, la jeune personne ne me quitte pas d'une semelle et semble me vouer une amitié passionnée. Je plaisante mais en fait, on est devenues très amies et j'aimerais beaucoup te la présenter.

La nouvelle de la mort de John Fitzgerald Kennedy t'est-elle parvenue ? Tu ne m'en parles pas dans ta dernière lettre. Moi, ça m'a flanqué un coup auquel je ne m'attendais pas. J'avais beau me rappeler la baie des Cochons et autres infamies impérialistes, j'étais bouleversée, larmes aux yeux et tout le tintouin. J'aurais aimé en discuter avec toi. Enfin, je sais qu'il faut s'endurcir pour traverser le siècle. Tu me l'as assez répété !

O Michel mon amour, reviens, reviens vite. J'ai hâte de tout partager avec toi, hâte d'être dans tes bras, hâte qu'on mette fin à ces trop longues fiançailles, hâte qu'on se marie, hâte qu'on fasse cette petite fille exquise dont tu rêves. Prends bien soin de toi et sache que je t'admire de toutes mes forces d'avoir choisi ce camp de réfugiés à l'autre bout du monde pour célébrer ton internat.

Comme je t'admire et comme je t'aime, Michel... (Peut-on aimer sans admirer ? Certains prétendent que oui. Ça me paraît aberrant et peu souhaitable.)

Je veux que tu sois fier de moi toujours et que tu n'oublies pas ce qu'on s'était juré, le jour de tes treize ans, yeux bandés, en haut des falaises de Belle-Ile : ne jamais laisser passer plus d'un mois, quoi qu'il arrive, sans donner à l'autre de ses nouvelles. Sinon, c'est qu'on est mort... ou qu'on mérite de l'être ! !

Bon, je retourne travailler au soleil. Je suis déjà dorée comme tu aimes, partout. Ou presque... Oh là là ! je ferme les yeux sous tes caresses. Je t'embrasse et je t'aime. Toujours et toujours. Ta

Myriam.

P.-S. : Bonne année pour toi aussi. mais sache qu'il n'y aura de bonne année pour moi que passée près de toi !

Simon Sandman baladait aux quatre coins de la pièce, au bout de sa longue main nerveuse, cette lettre froissée. L'ayant lue et relue à loisir, il la connaissait maintenant par cœur. Il marchait comme un ours en cage dans son appartement — ou plutôt, non : un ours en cage n'essaie pas d'amortir le bruit de ses pas. Lui s'y employait, presque inconsciemment, pour ne pas réveiller Laura, pour retarder le moment où ses yeux gris, ses lèvres pâles refléteraient l'envers des mots, de chaque mot tracé par la main de Myriam Dulac.

Laura dormait dans son lit, une expression pacifiée sur le visage. Avant de sombrer dans le sommeil, elle avait eu le temps de lui confier les lettres et de lui confirmer qu'elle se trouvait sur le trottoir ce soir-là, à la suite d'une chute, du deuxième étage... Elle avait souri de son affolement et ajouté que non, elle n'avait rien de cassé, que tout allait bien. Elle avait murmuré du bout des lèvres :

— Les lettres m'ont servi de parachute.

Et elle l'avait enveloppé, lui, Simon, d'un sourire si tendre, si complice, si confiant qu'il en tremblait encore. De peur. D'émotion. Deux étages, bon Dieu !

Depuis il sillonnait la chambre, du lit à la table où s'empilaient les lettres et du bureau à la fenêtre où la vue du vide le faisait frissonner et le précipitait à nouveau vers le visage enfantin de la dormeuse.

Elle respirait mal, la bouche ouverte, et un peu de liquide clair coulait de son nez. Un rhume. Un bon gros rhume des familles... Il eut envie de rire : elle tombait de deux étages et elle attrapait un rhume. C'était bien le moins...

Il lui avait enlevé un à un ses vêtements trempés ; placide, elle s'était laissé faire. Sa robe et ses bas séchaient maintenant sur le radiateur. Il s'en empara avec précaution et les étendit dans l'autre sens pour que la chaleur finisse son œuvre. Il lissa et étendit le tissu le plus soigneusement qu'il put. Le contact du collant, léger, soyeux sous ses doigts, humide encore, lui procura un élancement de douceur. Il revit le sexe de Laura, divisé, renflé, qu'elle n'avait pas cherché à cacher quand, levant une jambe pour écarter la couverture, elle s'était engouffrée dans le lit. Il revit aussi ses genoux et ses coudes, égratignés, sales, et la longue zébrure bleue sur sa cuisse. Il aurait peut-être dû la soigner, la frictionner avec de l'alcool, de l'arnica, la désinfecter, mais il n'osait plus regarder son corps, repris par un trouble dont il se défendait.

Pour la troisième fois il prépara du café pour son réveil, et pour la troisième fois, il le but à sa place, car elle ne se réveillait pas. Un soleil lointain s'était levé et le jour dessinait, imprécis, inquiétants, les contours géométriques des deux liasses de papier sur son bureau : les enveloppes d'un côté, les lettres de l'autre. Lettres volées, lettres parachutes, il allait bien falloir que Laura les affronte. La seule idée de ce corps chéri, de ce visage aimé, de cette douce enveloppe de chair affrontée à quelque adversité que ce fût lui donnait la nausée. En buvant son café nerveusement, il épia plus qu'il ne lut les mots, les phrases qu'il aurait pu réciter, yeux fermés : « *Mon amour je ne sais pas si ma lettre te parviendra mais l'écrire m'aide à supporter ton absence et notre séparation...* »

*

Il entendit un éternuement, puis deux et le regard fiévreux de Laura se posa sur lui. Elle se redressa d'un bond dans les oreillers, découvrant deux seins pâles.

— Vous lisez mes lettres ? Vous avez osé ? siffla-t-elle.

— Elles ne sont pas à vous, répondit-il doucement, mais déjà elle fonçait sur lui dans sa rageuse nudité et lui arrachait le malheureux bout de papier où elle croyait trouver son salut.

Elle se détourna pour en lire le début, puis vérifier la signature au dos, la serrer contre son cœur et s'asseoir à même le sol, les jambes en tailleur pour reprendre sa lecture, en savourer la découverte.

Bon, c'était mieux ainsi, oui, qu'elle s'asseye, se disait-il pour se rassurer. Il voyait ses omoplates contractées, son coude gauche, mince et blessé, son dos fragile parcouru par le long sillon net de l'épine dorsale, la courbure de la taille, et ses fesses blanches surmontées de deux tendres fossettes ; ses longues cuisses, pliées devant elle, battaient nerveusement comme les ailes d'un oiseau avant l'envol. Elle mordillait maintenant l'ongle de son pouce. Il ne voyait pas son expression mais le contour duveté de sa joue ; et il devinait, entre ses sourcils, que commençait de se dessiner le chemin creux de l'étonnement. Quand elle arriva à la fin de la lettre et qu'elle reprit sa lecture, il sut qu'elle vérifiait ces trois éléments d'information : c'était une lettre de Myriam Dulac, elle était adressée à son mari, elle datait de quelque vingt ans auparavant.

Mais la nuque mince se tendit, se cassa davantage encore sur la ligne des épaules. Après tout, qu'en savait-il, elle découvrait peut-être autre chose — tant d'amour, tant de bonheur, tant d'espoir... Quoi qu'il en soit, ses yeux secs brillaient et elle haletait légèrement quand, bondissant sur ses pieds, elle se retourna vers lui.

— Où sont les autres ?

Il n'aima pas le son de sa voix, mais Dieu ! qu'elle était belle et blanche et brune, cette petite statue d'arrogance qui exhibait sa nudité sans lui faire l'aumône d'un geste de pudeur. Il baissa les yeux sur son café, fit semblant de s'y brûler pour se donner une contenance et lui désigna la table, d'un mouvement mécontent.

Laura s'éloigna aussitôt et il la détesta. Il savait comment marchent les filles nues sous le regard d'un homme entre les murs d'une chambre. Il savait le pied qu'elles cambrent, les muscles qu'elles contractent, les chairs qu'elle cachent, le commerce tendre du corps et de l'espace, les mines hypocrites, exquises... Ses gestes à elle niaient sa présence et il fut traversé de l'idée fugitive qu'il le lui ferait payer très cher. Son esprit de vengeance faiblit à la voir foncer vers les lettres, s'en emparer comme un jeune guerrier de sa proie. Elle ne tremblait pas. Il attendait avec effroi son premier vacillement. Lui-même, bizarrement, sans être concerné pourtant, avait ressenti une telle rage impuissante, une telle frustration... Elle s'empara de la liasse blanche et lut, avidement, debout, une page puis son envers. Elle fronça les sourcils et lui jeta un regard de blâme.

Il alluma une cigarette ; il dut s'y reprendre à deux fois. Au bout de trois ou quatre lettres, il vit qu'elle contrôlait mal un tremblement sur ses lèvres, qu'elle était au bord des larmes. Par bonheur, un nouvel éternuement la secoua et l'éloigna d'un terne désespoir. Elle reprit sa lecture, en diagonale cette fois-ci, comme il l'avait fait. Une lettre après l'autre, une lettre après l'autre, une... la dernière enfin, inspectée, retournée... Elle resta un long moment immobile, l'œil fixé sur la signature. Et puis, elle leva vers lui un regard désemparé et ses lèvres et ses yeux et tout son visage et tout son corps ne furent plus qu'une interrogation. Une sale question, directe et sans détour, sortit de sa gorge.

— C'est une blague ?

Il eut envie de la gifler, tant il avait pitié d'elle, de son désarroi, de son supplice. Il lui jeta un pull et lui cria de s'habiller et de se moucher, c'était insupportable à la fin. Elle obtempéra en s'excusant — pour le nez, pas pour la nudité, c'était clair. Elle ne le quittait pas des yeux, ses sourcils continuant de l'interroger.

— Oui, articula-t-il férocement, c'est la même lettre, toujours la même, à l'infini et elle date d'il y a vingt ans. Vingt ans ! cria-t-il. Pas un signe, Laura, pas un signe d'aujourd'hui. Ces lettres sont de la fumée. Elles ne servent à rien.

Elle hocha la tête plusieurs fois, d'un air pénétré, comme pour confirmer ce qu'il venait de dire, ajoutant avec une pauvre petite voix :

— L'encre n'a pas coulé sous la pluie.

— Non, Laura, répondit-il en fermant les yeux, le cœur dans les talons, non. Elles sont ronéotypées. Vous avez bien vu, bien compris. Une très ancienne lettre d'elle, ronéotypée...

Et dans un accès de fureur, il se mit à imiter avec des gestes fous le mouvement de la machine, son bruit infernal aussi. Il imitait mal. Il faisait plutôt penser à un train. Mais elle approuva à nouveau d'un pâle sourire timide qui enfin le fuyait. Sa main droite, plaquée sur les lettres, s'en éloigna et s'empara des enveloppes. Il en profita pour se réfugier dans la salle de bains : prendre une douche, se raser, n'importe quoi. Mais son esprit continuait d'accompagner les découvertes de Laura. Les mêmes caractères de la même machine à écrire libellaient chaque enveloppe : « MONSIEUR MICHEL DULAC. 137 BD MALESHERBES. PARIS 75017. FRANCE. » Un timbre identique, à l'effigie de ce pays lointain, ornait chaque coin droit, estampillé régulièrement le 15 de chaque mois. Postée du même endroit, à chaque fois. Par qui ? Par elle, Myriam ?

Cette interrogation sans issue, cette question sans

réponse, c'était tout, strictement tout ce que son effraction, son vol plané, sa chute pouvaient apporter à cette malheureuse idiote. Pour s'embourber en conjectures vagues et douloureuses, il lui faisait confiance, se dit-il avec rage en essayant d'arrêter le sang qui perlait à son cou. Il venait de se couper et l'entaille semblait profonde. Elle allait mettre un temps fou à se refermer. Autant de temps que les larmes de Laura pour sécher. Il tendit l'oreille. Dans le silence, il l'imagina recroquevillée de douleur impuissante. Quel ennui, mon Dieu, quel ennui, tout ce chagrin à traverser.

Il tressaillit. Il venait d'entendre la porte claquer.

28

Quand midi sonna, Laura était depuis longtemps à son poste. Elle se tenait, immobile et droite, en face du lycée Louis le Grand, de l'autre côté de la rue.

Elle avait vu se masser peu à peu, dans une agitation grandissante, une bande d'adolescents hurleurs et colorés. Garçons et filles, grimés, masqués parfois ou peints de blanc, fêtaient Mardi gras avec une gaieté tapageuse, une violence sournoise qui les précipitaient les uns vers les autres en accolades et croche-pieds, gestes brusques et voix aiguës. Le sol autour d'eux était blanc de farine. Il en flottait dans l'air quelques instants, quand de rapides poings vengeurs jaillissaient de leurs poches vers les rares passants qui n'avaient pas rebroussé chemin. Un motocycliste freina brusquement quand la poudre l'aveugla et vint percuter une voiture dans un bref fracas de tôle. Un applaudissement sauvage salua sa chute. Légèrement étourdi, protégé par son casque, il réussit à fuir les mains faussement secourables des fautifs.

Laura ne bougeait pas et guettait Camille. Des œufs

s'écrasèrent sur le mur de la Sorbonne, derrière elle. Quand la cloche sonna, de Dracula au Chat botté, de Lucifer à Betty Boop, les adolescents tentèrent d'enfoncer la porte du lycée. Laura vit apparaître et disparaître le visage affolé du gardien et une classe entière se répandit sur le trottoir sous les applaudissements et les quolibets. La jonction se fit, rapide, mouvementée, au milieu des rires et des coups de cartable.

Le sourire de Camille s'effaça quand elle aperçut Laura. Elle fit mine quelques instants de ne pas l'avoir remarquée et déposa entre ses pieds son cartable de cuir dont jaillirent bientôt une envolée de tulle blanc et un long coupon de soie bleue. En quelques secondes elle fut une fée. Relevant ses cheveux en chapeau de clarté, un diadème au front, elle repoussa ses admirateurs et tangua vers Laura. Pour traverser la rue Saint-Jacques, elle pointa vers les voitures le bout étoilé d'une baguette qui provoqua un concert de stridences : les huées des lycéens soulignèrent chaque grincement de frein, la farine vola et les œufs s'écrasèrent sur les pare-brise, tandis que Camille, digne et majestueuse, se frayait un chemin, sourde aux coups de klaxon. Elle grimpa, preste, sur le trottoir et tourna vers Laura son plus charmant sourire.

— J'ai besoin de toi. Je ne peux pas retourner boulevard Malesherbes, balbutia Laura.

— Le roi ne veut plus vous y voir, la coupa Camille, un éclair gai dans ses yeux victorieux.

— Je veux mon passeport. Va le chercher, Camille, la pressa Laura d'une voix sourde.

— Abracadabra, dit la fée aux joues roses et elle tendit la main qu'elle cachait derrière son dos.

Laura s'empara de son passeport, la gorge serrée. Camille avait tout prévu de crainte qu'elle ne revînt.

— Camille ! claironna un petit groupe masqué, les mains en porte-voix. Dépêche-toi, on rejoint les autres lycées au Panthéon.

L'enfant ne tourna pas la tête. Elle fixait, inquiète, le regard de Laura sur son cou, un regard dur tout à coup, effrayant.

— Qu'est-ce que ce collier fait là ? siffla-t-elle en pointant vers les émeraudes un doigt menaçant.

— Je l'ai confisqué dans vos affaires, gente demoiselle…

Camille persistait dans le jeu, mais sa voix tremblait un peu.

— Je t'interdis d'y toucher. Ce n'est pas pour toi. Rends-le-moi. Pas toi, Camille. Pas toi !

Camille reculait sous le regard menaçant de Laura. Elle trébucha dans son voile et Laura la retint juste à temps. Pour libérer ses mains, elle mordit dans son passeport et passa autour du cou de Camille ses doigts gelés. Son cœur battait à tout rompre. C'était une enfant… une enfant… une toute petite fille… Il fallait détacher d'elle le collier… Tout de suite… Ses doigts malhabiles cherchaient vainement l'attache des émeraudes et, tout près de son visage, les yeux de Camille suppliaient.

— Mais, Laura, laisse-le-moi. C'est mon costume, mon déguisement.

— Non, non et non, martelait-elle, dents crispées

sur son passeport et continuant d'enserrer le cou de l'enfant qui se débattait.

Brusquement, Camille l'enlaça et se serra contre elle, convulsive, secouée de sanglots.

— Fous le camp, Laura. Fous le camp et ne reviens plus jamais.

Laura ne savait plus que faire. Elle tenait d'une main le collier qui s'était détaché, de l'autre elle caressait la nuque douce, libérée.

Leur étreinte dura peu. Avec violence, l'enfant la repoussa et elles se retrouvèrent à trois mètres l'une de l'autre, les yeux dans les yeux, haletantes.

— Fous le camp, hurla-t-elle encore, et le chagrin déforma ses traits. Disparais toi aussi. Va la rejoindre.

Elle pointa une dernière fois vers Laura sa baguette menaçante et, ramassant ses jupes, elle courut à perdre haleine.

Laura la suivit des yeux aussi longtemps qu'elle le put. Quand la reverrait-elle ? Qui la protégerait ? Elle se rassura vaguement de voir sa silhouette dansante se fondre parmi les rires et les déguisements, dans les lambeaux criards de l'enfance... Combien de temps encore ?

— Bonne chance, petite Camille, murmura-t-elle, la gorge serrée.

Elle se sentit faible tout à coup, désemparée, sans but, sans espoir. La tête lui tournait. Elle sentit que le sang battait sourdement dans ses mains retombées. Elle les regarda avec étonnement : l'une tenait son passeport et l'autre le collier.

29

Laura se faisait une idée toute différente du mont-de-piété, en pénétrant dans une cour carrée qui s'ouvrait à l'air libre, après le porche du 55 rue des Francs-Bourgeois. D'ailleurs il ne s'agissait plus du mont-de-piété : sur la façade les lettres annonçaient « CRÉDIT MUNICIPAL ». Les vieilles pierres ravalées, les travaux en cours disaient bien, eux aussi, la volonté de changement.

Pour reprendre sa respiration, Laura s'assit, au milieu de la cour, sur le bord d'une fontaine asséchée. Quatre arbustes ronds l'entouraient, emprisonnés dans des socles de bois peint. Derrière eux, en perspective, des portes surmontées d'inscriptions différentes — « Renseignements », « Débets », « Salle des ventes », « Prêts sur gages » — brouillaient son esprit. Elle eut envie de fuir. Une voûte sombre trouait, devant elle, les murs de l'ancienne abbaye. Une haute femme noire, en fichu, sortit des « Prêts sur gages », le front soucieux ; elle emprunta lentement le porche tout en recomptant des billets. Dans un écho sonore, des pièces roulèrent à ses pieds.

Laura bondit pour l'aider à les ramasser. Son geste suscita plus de méfiance que de reconnaissance. Sa question brûlante lui resta dans la gorge :

— Qu'est-ce que c'est qu'un gage ?

Elle ne savait plus, en dehors d'un vague souvenir de jeux enfantins. Le collier d'émeraudes, était-ce un gage ? Faudrait-il en prouver l'origine ? Elle frissonna en se rappelant ce qu'avait dit Miguel — « On nous l'a donné. Des sympathisants »... Et si c'était le fruit d'un casse ? Et si l'objet était recherché ? Elle eut peur tout à coup et, pour conjurer sa crainte, elle se rua vers l'entrée à l'autre bout de la cour.

Là encore, des colonnades d'ocre pâle côtoyaient en un étrange mélange d'immenses tuyaux fraîchement peints, rouges et blancs, qui traversaient la pièce. Partout des guichets vitrés et des rangées de chaises, regroupées sous d'énormes lettres qui se faisaient face. Leurs sages occupants suivaient d'un air pénétré la déambulation d'un gardien tout au long d'un escalier suspendu. Laura tendit son passeport, prit un numéro, et s'assit comme on le lui conseillait devant un guichet surmonté d'un immense « F ». On l'appellerait.

— F comme Flamine, se récita-t-elle. F comme flamme, F comme force...

Mais tout à coup s'imposèrent d'autres « F » : F comme fatal, F comme fin. Elle trembla si fort qu'elle dut se cacher le visage entre les mains.

Autour d'elle, les autres F la regardaient avec un mélange de curiosité et de compassion. Mais bientôt ils se détournèrent, hostiles, masqués d'indifférence.

A cause de Laura, leur groupe devenait le point de mire des autres lettres en face. Même leurs voisins, les E et les G, commençaient à les dévisager. Une ménagère qui côtoyait Laura, un panier de victuailles sur les genoux, la poussa légèrement du coude en murmurant quelque chose qu'elle ne comprit pas. Elle parut soulagée quand Laura reprit une position plus digne. Elle accrocha à son tour son regard aux pas du gardien, là-haut sur l'escalier. Quand il passait au-dessus d'elle, elle voyait l'envers de ses semelles cloutées à travers le grillage rouge. A suivre ses pas monotones, le temps passa un peu plus vite. Son nom, enfin... Le collier d'émeraudes tendu à travers la paroi de verre... Pas de questions... Pas d'émotion apparente... Une évaluation rapide entre les mains du commissaire-priseur.

— Vous acceptez ce montant ?

— Oui, dit-elle sans lire.

— Signez.

Elle signa très vite, comme on signe avec le diable, yeux fermés. Le crissement des billets de cinq cents francs que l'on comptait sous son nez lui fit ouvrir un œil. Elle les prit sans trembler et se dirigea d'un pas ferme vers la sortie. F. comme facile...

— Laura Flamine ? tonna une voix.

Il lui sembla que son cœur s'arrêtait. Elle dut faire demi-tour : elle avait oublié son passeport qu'une main agitait à travers la paroi de verre.

Quand elle traversa la voûte vers la rue des Francs-Bourgeois, elle laissa s'échapper quelques billets. Un couple de jeunes gens voulut l'aider à les ramasser.

Elle leur arracha les billets qu'ils lui tendaient et ils éclatèrent de rire.

— Brrr… elle va nous mordre, tu crois ?

Elle se rappela l'expression hostile de la femme noire, quelques heures plus tôt, quand elle avait tenté ce même geste secourable. Elle se toucha le visage : il était brûlant.

— Comme elle alors, se dit-elle en souriant lentement.

C'était une sensation agréable, cette honte légère, ce malentendu. Elle aima l'idée de les partager avec une inconnue. Une voiture de maître stoppa devant le porche du Crédit municipal. Un étrange vieux monsieur à monocle en sortit, aidé par son chauffeur. Il portait sous son bras une dizaine de parapluies. Peut-être étaient-ce des parasols. Ou plutôt des ombrelles. Allait-il les laisser en gage, les vendre ?

*

Tout au long du chemin que le taxi emprunta vers Roissy, Laura pleura sans pouvoir s'arrêter. Elle s'imaginait Sonia Andreievna, jeune fille, à Leningrad.

— Mais non, Laura, voyons, c'était Saint-Pétersbourg à l'époque ! chanta la voix de son amie.

Elle voyait ses jupes longues, sa taille sanglée et son ombrelle tournoyer sur les bords de la Neva. Laura cherchait quelque chose, un arbre, n'importe quoi où se cacher. Il n'y avait rien. Rien que le fleuve qui coulait, ses bords dénudés. Elle aurait voulu disparaître, elle ne voulait pas que Sonia l'aperçoive. Mais c'était impossible. Trop tard. Le visage malicieux de la jeune Russe la hélait. Ses yeux brillaient de gaieté.

— Laura-a-a !...

Entre ses lèvres, inévitable, redoutée, une mince fente noire apparut. Laura pressa le visage entre ses paumes, pour maintenir fermées les mâchoires. Mais elle n'y arrivait pas. La peau fuyait sous ses doigts, s'étirait, s'écartait, le sourire déchirait les joues. Les yeux de Sonia tout près s'épouvantaient. Laura pétrissait les chairs, luttait pour les tenir rassemblées. Mais la fente, le rond, le trou noir s'agrandissait à l'infini, dévorait le visage...

— Départ ou arrivée ? martela une voix.

Le chauffeur de taxi la secoua pour la réveiller.

— Départ, départ, hoqueta Laura.

Quand il arrêta son taxi et qu'elle l'eut réglé, il dit encore :

— Faut pas partir si ça vous met dans cet état.

De quoi se mêlait-il ? Incroyable quand même, ce sans-gêne. Elle lui serra la main chaleureusement, en lui disant au revoir.

30

Simon Sandman préférait les villes aux campagnes et Paris au reste du monde. Le fonctionnement de la démocratie parlementaire lui paraissait plus instructif que toutes les convulsions de la planète. Il n'aimait de la politique que sa représentation. Paris était son théâtre de prédilection. Il chérissait la démocratie jusque dans ses impuretés qu'il jugeait nécessaires et qu'il détaillait dans *la Comète* comme un joaillier les contours d'une pierre rare.

Il avait eu du mal à persuader ses camarades, au journal, que les conséquences d'un renversement de dictature, à l'autre bout du monde, entraient dans sa compétence : ils s'étaient regardés, proches du fou rire. Simon détestait voyager et ses tentatives pour sortir de l'Hexagone n'avaient pas été couronnées de succès. Son dernier reportage en Afrique s'était soldé par un article provocant : quand, disait-il en substance, des gens s'épuisent à construire un pays moderne, se font trouer la peau pour un peu plus de civilisation, s'attacher au pittoresque est exaspérant, insister sur l'exotisme, quasiment obscène. Il n'avait donc pas quitté sa chambre d'hôtel où, du matin au soir et du soir au matin, entre deux interviews, il écoutait la radio, regardait la télévision, en mâchonnant avec délices d'invariables chips sous cellophane. Toute approche directe sur le terrain lui paraissant un leurre, une illusion dangereuse, il ne sortait de l'hôtel que pour acheter des cartes postales qu'il étudiait longuement en traversant, yeux baissés, des rues inconnues, bruissantes d'étrangeté. Un jour il avait levé le nez malgré lui, et la vision grandeur nature de ce qu'évoquait la carte, de ce que ses yeux fixaient avec intérêt depuis quelques instants, lui avait causé un choc proche du dégoût... A *la Comète,* son point de vue n'avait convaincu personne ; on le jugeait assez atteint. Il préférait s'en amuser, portait ce travers comme un drapeau et s'ingéniait à ce que cet échec le tienne éloigné désormais de tout reportage hors de France.

Pourtant, ce soir-là, il avait bel et bien en poche un billet d'avion qui allait lui faire traverser les mers, le transporter en un pays lointain, le plus lointain qu'il eût jamais imaginé. Il n'y avait qu'un vol par jour qui partait à vingt-deux heures trente : il avait le temps. Il chercha Laura en vain dans l'aéroport, ne s'en inquiéta pas et revint s'asseoir près du stand des billets. Quelle idée, bon Dieu ! Quelle aberration ! Et dire qu'il fallait en plus qu'il se tape, sur ce pays éruptif, la documentation fastidieuse qu'on lui avait préparée... Tout ça pour les yeux gris d'une étrangère qu'un ascenseur grinçant avait fixés dans sa mémoire, une étrangère qui menait un combat d'hallucinée qui n'était pas le sien. Une étrangère... ce mot était sans doute le seul lien qu'il lui voyait avec cette terre lointaine.

*

— Il n'y a plus de place, je regrette.

Il fut tiré de sa méditation par une algarade où il reconnut la voix de Laura ; elle tambourinait sur un comptoir recouvert d'un tas de billets de banque impressionnant. Il comprit rapidement la situation : l'avion était plein et Laura protestait. Elle était sale, décoiffée, vêtue de façon extravagante — il reconnut au passage son pull et son pantalon — et vociférait en agitant les billets sous l'œil inquiet d'une hôtesse. Bientôt, du renfort arriva et Laura harangua les uniformes sans obtenir satisfaction. De rage, elle envoyait maintenant des coups de pied autour d'elle. Les stewards commençaient à s'impatienter. Il était clair que la situation tournait mal.

La surprise de le voir s'approcher la rendit subitement muette. Il en profita pour lui montrer ses deux billets. Une expression qu'il jugea sournoise, bête et sournoise, plissa ses yeux.

— Ce qui veut dire ? demanda-t-elle.

— Reportage pour le journal, répondit-il, laconique. J'ai pris votre billet en même temps que le mien.

Autour d'eux les gens s'étaient éloignés, rassurés.

— Je ne veux rien vous devoir, articula Laura méchamment. Et elle lui fourra dans la poche une liasse de coupures. Simon l'empoigna si violemment par le haut de son pull qu'il parvint à la soulever de terre. Elle agitait les jambes et le frappait de ses poings malhabiles ; ses yeux viraient au jaune. Laide ! Un pauvre vieux chat de gouttière.

— Alors, siffla-t-il, nez à nez contre son visage contorsionné, alors, si vous ne voulez rien me devoir, rendez-moi mon pull et mon pantalon. Tout de suite !

Et il la reposa brutalement sur le sol. Elle fit une grimace affolée et se débattit quand il prétendit la déshabiller.

— Simon...

Il la lâcha aussitôt. C'était plus fort que lui. Son prénom sur ses lèvres...

— Mon pull et mon pantalon, ordonna-t-il à nouveau d'un air qu'il voulait féroce.

Et il parcourut d'un regard appuyé son corps sous la laine et le tissu rêche du pantalon. Quand il revint à son visage, il tressaillit. Une expression qu'il reconnut envahissait ses traits et, lentement, ses joues viraient au pourpre, sa bouche s'arrondissait. Elle avait eu ce même visage dans l'ascenseur. L'émotion transparaissait enfin au souvenir de sa nudité, face à lui, quelques heures plus tôt... « Alléluia, alléluia », chanta-t-il intérieurement.

Il voulut embrasser son sourire arrêté. Tant bien que mal il en détourna les yeux et recompta les billets de banque d'un air important.

31

Dès qu'ils eurent passé la douane, le comportement de Laura changea. Toute fébrilité l'avait quittée ; ses gestes s'étaient arrondis ; sa voix, rare, était plus lente ; elle souriait à tout propos et promenait autour d'elle un regard qui ne se posait pas — sauf sur Simon quand il lui parlait. Elle le fixait alors avec beaucoup d'attention et hochait la tête avant qu'il eût terminé. Pendant les quelques heures qui précédèrent l'envol, elle fut d'une docilité effrayante : elle accepta de s'acheter quelques affaires au *duty free,* avala sagement des œufs sur le plat, commanda des frites, un second Coca et s'essuya les lèvres avec application. Ils rejoignirent enfin la salle d'attente où une foule bigarrée se pressait.

Une alerte à la bombe retarda l'embarquement.

— Ah ! fit seulement Laura en levant un index enfantin, quand une voix sourde, légèrement oppressée, voulut rassurer chacun et précisa néanmoins le délai d'attente supplémentaire.

— Ah ! ah ! redit-elle encore, navrée de voir autour

d'elle l'affolement gagner, les groupes se former, chuchoter, les visages se tendre.

Une mère de famille entourée de trois beaux enfants mulâtres voulut faire volte-face, annuler son retour au pays et se réfugia dans des larmes hystériques. De minces nattes crépues quadrillaient le crâne de sa petite fille. Laura essaya de les compter. C'était difficile, elle bougeait tout le temps.

Une vague curiosité éroda sa contemplation passive, indifférente presque, quand elle vit Simon courir, s'agiter, essuyer des larmes, distribuer des tapes amicales et des paroles réconfortantes, parler, parler, parler. Quand il revint s'asseoir près d'elle et qu'elle demanda : « Mais qu'est-ce qu'ils ont ? », il la regarda avec méchanceté.

— Peur, répondit-il simplement.

Et son poing détruisit rapidement le trajet d'une goutte de sueur le long de sa tempe.

— Si vous saviez comme je les hais.

— Qui ? demanda-t-elle avec intérêt.

— Tous ceux qui de près ou de loin emploient la terreur pour se faire entendre. Tous, sans exception.

Elle entendit le mot terreur et le répéta, et puis elle ne dit plus rien. Elle se mit à mâchonner pensivement la paille de plastique avec laquelle elle avait aspiré de longues gorgées de Coca quelques instants plus tôt. Une expression boudeuse, parfaitement inconvenante et déplacée, envahissait ses traits. Simon eut peur tout à coup de la détester. Pris de remords, il essaya de saisir sa main qu'elle retira aussitôt. Déjà elle se levait, s'éloignait, traversait à pas lents la salle d'attente.

Elle s'assit sur le sol, dos au mur, et sortit de sa poche des pièces de monnaie qu'elle soupesa d'un air concentré avant de les faire rouler devant elle. Elle expliqua du bout des lèvres aux enfants mulâtres, qui insistèrent pour se mêler à son jeu, qu'il fallait contrôler son geste et suspendre leur élan avant qu'elles n'atteignent le mur en face. Le joueur dont la pièce s'immobilisait au plus près du but avait gagné et, du coup, raflait toutes les autres pièces. Simon la regardait avec un mélange d'admiration et d'horreur : elle avait cet air de déraison qui adoucit les traits de ceux qui n'ont plus rien à perdre. Mais non, pourtant, ce n'était pas ça ; il se rassurait en se disant qu'il y avait trop de gaieté dans son rire, quand elle gagnait, une à une, aux enfants dépités, leurs pièces zigzagantes.

Plusieurs fois, pendant les treize heures que dura le vol, Simon put voir son profil se découper dans le cadre rond du hublot. Réveillée en sursaut, elle avançait son buste, saisissait le siège avant, le regard fixé droit devant elle. Pas une fois elle ne tourna la tête. Ses poings, ses épaules et son front semblaient tirer l'avion. Mâchoires serrées, elle l'aidait à fendre les airs. Plus vite, semblait-elle dire, plus vite. Mais la carcasse de métal, dure et pesante, n'en finissait pas de déchirer les nuages et le corps de son frère qui flottait au-dessus des mers.

32

A l'aéroport, bousculés par la foule, Simon et Laura s'étaient engouffrés tant bien que mal dans un énorme bus. Sur sa carrosserie fraîchement repeinte, des dragons aux gueules effrayantes crachaient le feu alentour. Des coups de sifflet stridents avaient ouvert le passage à une Buick noire aux vitres fumées. Les trois petits mulâtres et leur mère — laquelle avait recouvré toute sa dignité — prirent place sur des banquettes de cuir rouge. La fillette aux cheveux nattés se fit violemment réprimander. Elle se débattait, cherchant Laura pour lui dire adieu. Quand elle l'aperçut dans le bus, lointaine déjà, séparée, elle se mit à pleurer et sa menotte s'agita longtemps par la fenêtre. Précédant la Buick, une sirène officielle se mit à hurler et couvrit le bruit de son chagrin.

Dans les virages, à l'assaut de la ville, les longues files de voitures s'arrêtaient à nouveau en plein élan. Simon fermait les yeux : dans un bruit de freins assourdissant, le tas de ferraille qui leur servait de bus glissait d'un mètre vers l'arrière avant de s'immobiliser. Il se dit que cette fois-ci ils allaient bel et bien percuter une voiture. Mais rien ne se produisit : tous les freins de toutes les voitures semblaient réglés sur le même flottement. La vieille Ford rose qui les précédait fit de même — son pare-chocs bringuebalant racla la route et vint s'arrêter tout contre la calandre du bus. Le chauffeur ne protesta pas et l'aida même à repartir en la poussant légèrement quand la longue cohorte d'acier reprit, vers la ville haute, sa procession pétaradante.

Des deux côtés de la route, d'innombrables bicoques de bois et de tôle s'accrochaient aux flancs des collines. Simon soupira. Il savait que chaque matin elles étaient plus nombreuses, construites à la hâte pendant la nuit. Il imaginait, sous les étoiles, le bruit sourd des marteaux et le halètement des silhouettes gesticulantes, fuyant l'enfer des campagnes pour le refuge de cette citadelle bénie qui avait fait tomber la dictature. Si, au matin, la masure avait un toit et quatre semblants de murs, les policiers ne la détruisaient pas et ses occupants avaient droit de cité. C'était la règle. Ceux qui la transgressaient, d'un côté comme de l'autre, flics ou manants, se faisaient lapider. Parfois, à l'aube, certains mouraient d'épuisement, mais ceux qui avaient résisté savaient que pour eux l'ère de la famine était révolue. Vol, marché noir, braquages, prostitution, kidnapping, tout plutôt que de crever de faim au fond des plaines où plus rien ne poussait depuis les bombardements. Chaque jour éclataient des attentats, guettés, espérés par les pillards. Et toujours l'immense flot des réfugiés se resserrait autour de la ville : toutes les routes montaient vers elle... Simon passa une main lasse dans ses cheveux.

Il n'était pas beaucoup plus de neuf heures du matin mais déjà une épaisse nappe de chaleur descendait en couvercle vers la terre et faisait blanc et proche le ciel lourd. Simon sentait la sueur couler le long de son dos, sous ses bras, autour de sa taille. Il se décida enfin à enlever sa veste en dégageant son buste de la pression de ses voisins qui, coude à coude, de tout le poids de leur corps, pesaient contre le sien, d'un côté puis de l'autre, à chaque inclinaison de la route. Au début il avait lutté contre cette promiscuité, mais s'était vite résolu à les imiter. Chaque banquette de bois, bourrée à craquer d'occupants passifs, n'était plus qu'une seule longue chenille qui oscillait au gré des cahots, des coups de frein et des tournants. Il s'extirpa difficilement, une épaule après l'autre, et debout, accroché d'un bras à une tringle rouillée qui courait le long du toit, il réussit à se débarrasser de sa veste, informe d'humidité.

Quand il voulut se rasseoir, ce fut impossible. Les corps s'étaient ressoudés derrière lui, les regards fuyaient, moqueurs et sournois. Le chauffeur du car, l'apercevant seul, debout, dans son rétroviseur, l'injuria copieusement. Et puis, devant l'air ahuri de cet homme qui luttait maladroitement pour garder un équilibre précaire, il partit d'un énorme éclat de rire qui gagna bientôt les vagues humaines derrière lui.

— Simon ! Simon !

Il aperçut enfin Laura, dont il avait été séparé dans la cohue au départ de l'aéroport ; elle avait pris place sur la dernière banquette, tout à fait à gauche. Il vit son sourire, la découpe de son tee-shirt noir sur ses épaules blanches, et son aisselle un bref instant, avant que son bras cherchant de l'air ne s'abaisse à nouveau à l'extérieur de la fenêtre. Il se mit à tanguer vers elle, aidé par des exclamations encourageantes à chaque fois qu'un cahot le faisait trébucher.

Grâce à quelques mots incompréhensibles pour lui, et mille sourires à ses voisins, elle réussit à lui ouvrir une place près d'elle et il glissa tant bien que mal son corps près du sien. Il n'y prit aucun plaisir ; il se sentait moite, fatigué, ridicule. Face à Laura, un vieux Noir en chemise à fleurs cessa de mastiquer sa chique et ouvrit vers elle une mâchoire aux dents irrégulières. Quelques sons rauques et scandés s'en échappèrent qu'il ne comprit pas. Elle répondit brièvement et le vieux marmonna en lui tapotant gentiment le genou, puis celui de Simon qui se serait bien passé de cette source de chaleur supplémentaire.

— Qu'est-ce qu'il veut ? bougonna-t-il.

— Savoir ce que font des étrangers ici.

Simon se dit avec agacement qu'en effet, c'était bien son tour d'être un étranger et qu'il ne l'avait pas volé.

— Et qu'avez-vous répondu ? demanda-t-il d'un ton revêche, comme elle ne disait plus rien.

— La vérité, articula-t-elle en tournant vers lui son profil calme. Que toi et moi on cherchait une femme disparue.

Était-ce le tutoiement soudain ? Le but impossible enfin énoncé, enfin partagé ? Était-ce le regard plein de compassion de ses voisins ? Il sembla à Simon que, au centre de la haute ville que le bus atteignait enfin, l'air était moins lourd.

— Il dit que beaucoup de gens ont disparu, continua Laura pensivement.

Le vieil homme cracha par la fenêtre et approuva sans comprendre. Simon suivit son regard : quelques gouttes de sueur perlaient entre les seins libres de Laura, à l'échancrure de son tee-shirt.

Il passa son bras derrière elle et happa de l'air dans sa main par la vitre ouverte.

33

Sans avoir à tourner la tête, cachée derrière des lunettes de soleil, Laura suivait les allées et venues des étudiants sur le campus. Le dernier glaçon avait fondu depuis longtemps dans son verre ; elle n'y avait presque pas touché, surprise de trouver au Coca un goût nouveau, un peu écœurant — trop sucré, trop doux. Depuis des heures, elle attendait, affalée sur une table dans un petit bar, devant une pelouse clairsemée. Malgré le foulard jaune, signe de reconnaissance qui s'enroulait autour de son verre, personne ne s'était encore manifesté. Mais brusquement, un jeune homme se détacha d'un groupe de joggers et obliqua vers elle ; il ôta le bandeau qui retenait ses cheveux et s'essuya le front en s'asseyant. Il justifia mollement son retard en expliquant qu'il devait s'entraîner pour une compétition sportive.

— L'entraînement, il n'y a que ça de vrai, soupira-t-il avec un regard de regret vers ses camarades qui s'éloignaient en allongeant leurs jambes musclées.

Il lui parla longuement des Jeux olympiques qui approchaient, des chances qu'il avait d'être présélectionné, de son amour de la compétition.

— Tu comprends ? demanda-t-il brusquement.

Comme elle ne disait rien, il lui enleva ses lunettes de soleil. Ils se regardèrent en silence. Il sembla s'apaiser à fixer ses yeux qui ne cillaient pas.

Il lui caressa la joue d'un doigt. Elle ne détourna pas la tête. Doucement, il lui dit qu'il étudiait la langue française, qu'il était content de la parler un peu, mais qu'on l'avait mal renseignée, qu'il n'avait plus aucun contact avec les maquisards du Front Armé Révolutionnaire. Il ne comprenait pas pourquoi ils étaient retournés dans la clandestinité, maintenant que le dictateur était tombé. La réforme foncière allait commencer et il valait mieux se battre au grand jour.

— Tu comprends leur méfiance envers le nouveau gouvernement ? Tu comprends leur slogan, la « paix armée », toi ?

— Je ne sais pas, dit Laura.

Elle sortit de sa poche une photo de Myriam. Elle écrivait ; sa main posée en conque devant elle semblant cacher les mots tracés ; on voyait bien son visage, malgré les yeux baissés. Elle posa la photo sur la table, devant le jeune athlète qui, après un bref coup d'œil, haussa un sourcil interrogateur.

— Elle est morte ? demanda-t-il d'un ton indifférent.

Laura tressaillit et reprit la photo.

— Peut-être. Eux doivent le savoir. Il faut que tu m'aides.

Il but une gorgée de Coca qu'il recracha dans l'herbe.

— Beurk ! On n'a toujours pas trouvé la formule, marmonna-t-il, furieux, en reposant le verre.

Déjà il était debout, et Laura, le visage levé vers lui, dut se protéger les yeux de la réverbération. Sa main tâtonna en vain vers ses Ray-Ban. Le jeune homme les avait sur le nez. En contre-jour elle vit, à l'angle de sa pommette, qu'il ne souriait pas.

— Je ne peux rien pour toi. Casse-toi, ordonna-t-il sèchement.

Il disparut en courant, de son pas élastique et silencieux.

*

Sur le chemin du retour, toutes fenêtres ouvertes pour ne pas suffoquer, Laura conduisait, dents serrées. Parfois elle hurlait brièvement ; les occupants des voitures, dans la cohue autour d'elle, la regardaient alors, surpris ou amusés. Elle hurlait de rage et de désespoir. Les informations glanées par Simon dans les bars où se réunissaient les journalistes, les visages fuyants d'improbables indicateurs brusquement alléchés par de généreux pourboires, la fréquentation méthodique des endroits chauds de la ville où les maquisards s'approvisionnaient — protégés par la population — ne l'avaient menée nulle part. Et maintenant cette dernière piste, l'université, si laborieusement remontée, se refermait devant elle. Rien ne servait à rien, une fois de plus.

Le pire venait de Simon... Depuis quelques jours il avait changé. Il ne mangeait presque plus, dormait mal et promenait autour de lui un œil éteint ; il ne cherchait plus à lui remonter le moral, ne mimait plus pour l'amuser leur course éperdue, le quinze de ce mois, d'une boîte aux lettres à l'autre, guettant l'apparition tant espérée de Myriam. Il ne disait plus « Sœur Anne, sœur Anne... » en avançant le front, une main sur ses sourcils froncés. Non, il avait baissé les bras et se réfugiait des nuits entières dans un vieux bouquin sur Israël que Samuel, le patron de l'hôtel, lui avait prêté.

Laura sentit que l'espoir fou, tenace qui habitait chacun de ses gestes depuis des semaines était en train de vaciller.

L'heure du couvre-feu approchait et le tintamarre des voitures disait l'énervement des conducteurs, leur hâte de rentrer chez eux. Les commerçants tiraient leur rideau de fer ; les marchands ambulants remballaient à la hâte leur camelote.

Elle hurla de nouveau, mais de crainte cette fois-ci. Une moto qu'elle avait vue zigzaguer dans son rétroviseur gronda près d'elle avant de s'élancer de plus belle ; un objet noir et lourd rebondit sur le siège voisin du sien. Le bras de la jeune fille qui l'avait lancé s'enroula à nouveau autour de la taille du motard : il portait des Ray-Ban... En un éclair, elle crut reconnaître le jogger de l'université. Le feu vert leur avait ouvert la voie et elle les vit disparaître au loin devant elle. Le cœur battant à tout rompre, elle saisit l'objet sombre, prête à le rejeter par la fenêtre. Il se mit à grésiller ; bientôt, des instructions abruptes et claires sortirent du ventre du talkie-walkie... Sortir de la ville avant le couvre-feu... tourner à gauche au deuxième carrefour, puis à droite... suivre la route vers la plaine.

Au bout d'un long parcours, elle rangea sur ordre sa voiture le long du champ de caféiers.

34

Le chemin de broussailles s'ouvrit sur une courte clairière et Laura, à bout de forces, s'étendit de tout son long, la joue contre la terre. Son œil écarquillé captait au-dessus d'elle le scintillement des premières étoiles, hautes dans l'azur noir... Cette fois-ci, les deux hommes qui l'accompagnaient n'essayèrent pas de la relever. Des chuchotements, un bruit léger, régulier, la mirent en alerte. Elle tourna la tête et rampa vers eux, lentement. Ils ne s'occupaient pas d'elle, ils creusaient la terre.

Elle se releva d'un bond : ils étaient donc arrivés ! Le chemin vers Myriam, elle l'avait toujours su, menait à son cadavre, à son cercueil qu'ils déterraient maintenant. Son cœur battait sourdement. Elle se sentait revivifiée, joyeuse presque. Faire face à ce corps putride, décomposé, à ces ossements, à ce spectacle d'horreur, c'était emporter la certitude que Myriam leur avait échappé à tous, qu'elle lui appartenait à jamais.

Laura tournait autour du trou que les hommes accroupis dessinaient peu à peu. A coups de poignets lestes et de paumes assemblées, ils envoyaient voler, régulières, des pelletées de terre qui giflaient ses jambes et ses chevilles. Elle tournait et retournait autour d'eux et parfois ils levaient vers elle, vers son énergie retrouvée, un regard surpris. Un croissant de lune éclairait leurs yeux vifs. Ils la repoussèrent quand, un genou en terre, elle voulut les aider. Elle ne ressentait plus aucune fatigue.

Pourtant, ils avaient marché des heures dans un étroit sentier d'épineux et Laura avait dû s'accrocher au balancement de leurs hanches droites, au mouvement cadencé de leurs espadrilles. Une jambe après l'autre, une jambe après l'autre et ne penser à rien. Elle gémissait parfois quand une branche lui griffait le visage, et celui qui marchait derrière elle touchait alors sa nuque avec l'acier froid de son revolver, et puis il riait d'un rire moqueur. Pour savoir, elle avait accepté leurs conditions : marcher et se taire pendant trois heures, les trois heures nécessaires pour traverser un territoire que la garde nationale et les contre-révolutionnaires se disputaient. Plusieurs fois ses jambes l'avaient trahie, mais maintenant, debout près de cette terre ouverte, elle sentait une joie trouble l'envahir : elle seule détenait le secret de Myriam ; tous ses doutes s'évanouissaient, sa vie d'errance reprenait un sens. Elle n'était plus ce personnage falot, ballotté, manipulé qu'elle avait craint d'apercevoir dans les yeux de chacun, depuis que l'avion maudit s'était écrasé. Non, mille fois non. Elle seule saurait… Elle serait magnanime. Elle laisserait Michel Dulac, ce pathétique vaincu, ce mort vivant, s'envoyer à lui-même, par quelque stratagème, c'était clair maintenant, cette lettre d'amour arrêté, figé dans le temps, quelque vingt ans auparavant...

Les deux hommes s'étaient relevés mais, le buste toujours courbé vers le sol, ils ahanaient, rythmant leur effort à l'unisson. Leurs mains, accrochées aux deux extrémités d'une surface de cuivre, l'extrayaient peu à peu, la soulevaient, la sortaient de terre. Un large tuyau refléta le ciel et roula dans l'herbe ; d'un bond de côté, Laura l'évita de justesse. Les deux hommes exhalaient maintenant un souffle rauque, épaules renversées, yeux clos sous l'éclat des étoiles. Tandis qu'ils reprenaient leur respiration, Laura fixait sans comprendre ce cylindre immobile qui n'avait rien d'un tombeau — un tonneau, un vulgaire tonneau.

Ils ôtèrent une épaisse couverture grise qui obturait son extrémité. De lourdes bottes atterrirent dans l'herbe, aux pieds de Laura ; ils les chaussèrent rapidement après s'être débarrassés de leurs espadrilles. Chacun d'eux s'empara ensuite d'une des carabines qu'abritait aussi le ventre du tonneau. Ils vérifièrent leur fonctionnement et, sous leurs doigts précautionneux, les armes cliquetèrent dans le silence. Puis le tonneau roula à nouveau dans l'herbe, regagnant sa cachette initiale ; les lourdes bottes tassèrent le sol ; une main y planta un arbuste et ses racines.

Laura ne bougeait plus. Ils lui parlaient doucement, croyant calmer sa peur. Certes, ils allaient continuer seuls... Sans elle... Mais elle allait recevoir de la visite... La personne qu'elle désirait voir allait faire la moitié du chemin vers elle et la rencontre aurait lieu ici même. Attendre... Seulement attendre... Qu'elle dorme si elle le pouvait... Ils se figèrent tous les deux un court instant. On entendit dans le lointain une brève rafale de mitraillette. Laura savait comme eux que c'était la garde nationale. La garde tirait par rafales. Ils le lui avaient dit quelques heures plus tôt, au détour du chemin. Les autres, les maquisards de leur groupe et les contre-révolutionnaires, tiraient au coup par coup. Ils lui laissèrent une couverture de laine, un hamac et, après un dernier conciliabule, un de leurs revolvers.

Elle ne les regarda pas disparaître. Fascinée, elle fixait la terre qui recouvrait le tonneau. Myriam n'était pas en terre ; Myriam n'était pas dans ce trou. Pas morte, pas morte, scandait son cœur comme un cheval fou. Le désir violent, imprévisible qu'elle en avait eu, tapi au fond d'elle, ruait encore par à-coups, incrédule, libéré, insistant.

*

Il y eut un craquement de branches, un envol d'oiseaux et Laura se réveilla en sursaut. Elle se redressa et d'un coup de reins s'adossa au tronc de l'arbre au pied duquel elle s'était endormie. Une pluie d'aiguilles, fines, légères, brillantes dans la lumière du matin, s'abattit sur elle. Un lent scintillement recouvrit ses cheveux, ses épaules, la couverture qui protégeait son corps. Elle vit autour d'elle les buissons, immobiles et silencieux, qui l'entouraient comme une prison. Pas une trace de pas dans la terre, pas une herbe froissée sous la rosée. Elle chercha des yeux, vainement, l'endroit où devait reposer le tonneau.

Elle crut à quelque mauvais rêve, chassa l'image de la terre éventrée, s'étira et se laissa envahir par la douceur de l'air. Sa paume remonta lentement le long de l'arbre... Quand elle rouvrit les yeux, elle sursauta : un homme s'agenouillait près d'elle, approchait la main de ses cheveux.

— Bonjour, prononça-t-il, tout bas, en français.

Il avait un beau visage sombre, une peau mate, une barbe de trois jours rayée sur la joue droite par une entaille profonde. Ses yeux noirs et brillants enveloppaient Laura d'un regard affectueux.

— Bonjour, murmura-t-elle en retour.

Toute crainte l'avait quittée. Il lui pinça l'oreille en riant tout bas.

— Au bout du dixième message, sacrée tête de mule, je me suis douté de quelque chose. J'ai bien pensé que c'était toi qui cherchais à la retrouver.

— Oui, dit-elle, subjuguée par la douceur qui se dégageait de cet homme. Oui, la retrouver, redit-elle, confiante.

Il desserra le ceinturon qui encerclait ses hanches sous la vareuse verte et s'assit dans l'herbe à ses côtés. Il rit à nouveau, doucement, en s'emparant du hamac qui gisait un peu plus loin, à portée de sa main.

— Tu n'as pas su t'en servir, toi non plus ?

Laura mit du temps à comprendre ; elle fit un vague signe de dénégation mais il ne la regardait pas. Il s'était saisi du hamac, le dépliait, l'inspectait fièrement.

— C'est ce qu'on fait de mieux pour nos régions, expliqua-t-il. Presque tous mes hommes ont ça maintenant. Moustiquaire de nylon, toit de toile hermétique. Parfaitement hermétique.

Il soupira.

— Myriam non plus ne savait pas faire un nœud coulant. La première fois, son hamac s'est détaché et elle s'est retrouvée le cul dans l'herbe.

— Moi je sais, dit Laura en bondissant sur ses pieds.

Mue par un désir de parade enfantin, effarée elle-même du spectacle appliqué qu'elle donnait à ce combattant qui ne lui demandait rien, elle déroula rapidement les extrémités du hamac, choisit un arbre, entoura deux fois la corde autour de ce support, comme Jérôme le lui avait appris, la repassa adroitement dans l'autre sens, et se tourna vers lui, le menton haut.

— Voilà, dit-elle, plus on tire, plus la pression se resserre. Et pour détacher, on tire ici.

D'un geste sec, le hamac retomba et avec lui son excitation incontrôlée.

Les sourcils froncés, il la regardait d'un air indécis. Elle sentit ses joues s'empourprer et se rassit dans l'herbe au pied de l'arbre, un peu en retrait pour qu'il ne voie pas son visage. Mais déjà il ne s'en souciait plus.

— Elle m'a appris beaucoup de choses. A parler français par exemple…

Il avait un faible accent, une voix rauque, un peu plus triste au fur et à mesure qu'il parlait.

— Elle n'était pas faite pour la vie de maquis. Elle n'était d'accord sur rien. Pendant les périodes d'accalmie, elle s'ennuyait à mourir. Elle écoutait la radio des heures. Ça énervait mes hommes. Sa beauté déjà... Et puis ce grésillement incessant pendant des nuits entières... Alors quand j'avais le temps, je m'allongeais près d'elle, j'essayais de ne pas la regarder et on parlait... De toi, presque toujours de toi.

Laura sentit son cœur s'arrêter. Elle n'osait plus bouger de peur de l'interrompre. Elle guettait sur ses lèvres les mots magiques.

— Elle t'aimait beaucoup, petite fille..., ajouta-t-il en plongeant brusquement ses yeux dans ceux de Laura qui sentit toute résistance l'abandonner.

Un picotement liquide lui brouilla la vue.

— ... elle disait qu'elle ne pouvait rien pour toi et qu'elle ne le supportait pas. Elle n'osait pas t'écrire. Mais c'est pour toi qu'elle envoyait une lettre à son mari tous les mois. Pour que tu saches qu'elle était en vie. Tu comprends ?

— Oui, acquiesça Laura, transfigurée par la joie, par la peine.

— Elle disait que tu ne l'aimais pas, que tu ne l'aimais plus, accusa-t-il d'un ton sévère.

Laura entendit monter dans le silence des sanglots hoquetés. C'étaient les siens, dans sa poitrine qui se soulevait. Elle enfouit son visage dans la vareuse verte. Il lui caressa les cheveux, longtemps, longtemps et soupira :

— Je vois bien que ce n'est pas vrai, puisque tu es

là, puisque tu la cherches... Petite Camille... ajouta-t-il tendrement.

Laura eut l'impression qu'on lui enfonçait les côtes à coups de botte. Elle s'arracha à lui et le regarda avec effarement, prête à hurler qu'il se trompait, qu'elle n'était pas Camille, qu'elle s'appelait Laura, Laura Flamine. Une fois de plus on la chassait de cette histoire, tout cet amour ne lui était pas destiné. Lui, se méprenant sur son désarroi, plaqua une main sur sa mâchoire, chercha à la rassurer. Il lui expliqua que Myriam était tombée, blessée dans une embuscade, qu'elle en avait gardé de graves séquelles, qu'ils avaient dû s'en séparer.

— Mais elle est vivante, vivante, calme-toi.

Il parlait vite. Un coup de feu claqua, puis un autre, suivi d'un sifflement modulé auquel il répondit aussitôt. Il continua de lui parler jusqu'au moment où, sans se retourner, il ouvrit de ses deux bras le mur vert devant lui.

35

Laura traversa à la hâte le patio de l'hôtel. Deux photographes discutaient, assis sur la margelle d'une fontaine dont la source tarie clapotait goutte à goutte. Ils avaient déposé sur une table basse devant eux leurs sacs vidés de tous leurs appareils. L'un d'eux les nettoyait méticuleusement, l'autre notait l'origine des photos sur les rouleaux de pellicule.

— Vous vous êtes fait coincer par le couvre-feu ? s'enquit le premier.

— Dans une boîte de nuit ? ironisa le second.

Elle n'eut pas à répondre : un vol d'hélicoptères, en rangs serrés, attira leurs regards ; ils braquèrent vers le ciel leurs objectifs qui cliquetèrent rapidement. En escaladant les trois marches qui menaient à la véranda, elle entendit leurs commentaires laconiques.

— C'est l'armée.

— Ils vont vers la frontière nord, qu'est-ce que je te disais ! Ça s'infiltre en masse, il paraît.

Quand elle pénétra dans le hall circulaire, une voix furieuse lui intima l'ordre de s'arrêter.

— Attention, bon sang !

Elle faillit trébucher sur un amas de carrelages brisés, contourna les pieds d'une échelle au milieu de la pièce, et s'avança vers le patron de l'hôtel qui, derrière le stand de la réception, ne lui accorda pas un regard. Il gardait les yeux fixés sur le sommet de l'échelle et triturait nerveusement l'étoile de David pendue à son cou. Ce n'était visiblement pas à elle qu'il s'adressait.

— Ma clef, demanda-t-elle en tendant une main impatiente.

— Attention ! hurla-t-il à nouveau, avec un geste de retrait.

Cette fois, elle leva les yeux et à son tour tressaillit : Simon était perché sur le dernier barreau transversal et tenait à bout de bras, au-dessus de sa tête, le cœur du ventilateur qu'il essayait vainement d'accrocher à un nouveau piton planté dans le plafond ; l'ancien s'était détaché et n'était plus qu'un trou noir dans le plâtre poussiéreux. Le ventilateur n'avait été retenu que par un solide câble électrique qui pendait maintenant et gênait ses mouvements.

Arc-bouté en haut de l'échelle, les bras levés, le crâne surmonté de trois pales de bois, il semblait au bord d'un fou rire naissant qui le faisait osciller dangereusement.

— Je me sens l'âme d'un cocotier, gémit-il, ou de la statue de la Liberté, je ne sais plus…

Laura se précipita au pied de l'échelle qu'elle maintint de toutes ses forces — bien inutilement. Quand il redescendit, elle prononça d'une voix tremblante :

— Je l'ai retrouvée.

— Oui, dit-il d'un ton distrait. Allez-y, mettez le courant, Samuel, lança-t-il au patron.

Il entraîna Laura sur le côté et regarda avec intérêt le ventilateur trembloter avant de prendre son élan. Puis il se frotta les mains et accepta les félicitations de l'hôtelier.

— Le congélateur réparé, les vitres brisées, remplacées. Par qui ? Par moi, bien sûr, dit-il en toisant Laura d'un regard las. Enfin, il faut bien que je m'occupe pendant que madame découche, soupira-t-il à l'adresse du vieil homme qui fit mine de trouver la plaisanterie hilarante.

Et il s'éloigna d'un air de dignité outragée vers le couloir de leur chambre.

Depuis qu'ils avaient atterri dans ce petit hôtel du centre de la ville où ils ne disposaient que d'une seule pièce, il affectait souvent ce ton conjugal qui étonnait Laura par sa vulgarité. Mais elle savait que la nuit, parfois, dans leur lit chaste, au fond d'un sommeil lourd, il murmurait son prénom sans autres fioritures...

Elle tourna vers l'hôtelier un regard de reproche.

— Il n'est vraiment pas en forme ; je ne sais pas ce qu'il a depuis un moment... s'excusa-t-il en s'épongeant le crâne d'un air navré. Je ne veux pas lui faire de peine, je le laisse s'agiter, mais vous savez, chuchota-t-il en confidence, brasser de l'air tiède, ça ne sert à rien ! A rien !

Laura regarda le lent tournoiement des pales de

bois au-dessus d'eux et se surprit à sourire. Simon avait un ami ! Cette découverte l'emplit de curiosité.

— Au fait, enchaîna-t-il dans son dos, vous n'avez pas trop souffert du tremblement de terre, cette nuit ?

C'était donc la raison de cette agitation, de cette liesse étrange dans les faubourgs qu'elle venait de traverser... Reprise par l'émotion, elle courut vers leur chambre.

*

Une heure plus tard environ, ils sortirent de l'hôtel ensemble. Simon était très pâle, plus pâle encore qu'à l'ordinaire, sous le flot noir de ses cheveux mouillés. Ils se tenaient par la main. A les voir, on n'aurait su dire lequel des deux entraînait l'autre. Pourtant c'était lui. Quand Laura se dirigea vers la voiture, le bras de Simon s'alourdit au bout du sien et elle leva vers lui des yeux tranquilles.

— C'est tout près, dit-il la gorge serrée. C'est à trois rues d'ici. Il y a même un raccourci.

Elle sourit et murmura que ça, non, le raccourci, ce n'était pas la peine.

Très vite ils s'engagèrent dans une large artère, blanche et grise — anonyme comme Simon les aimait —, qui menait au palais présidentiel. Il essayait d'accorder ses pas aux siens mais c'était difficile : elle marchait par intermittence, s'arrêtant sans raison, laissant courir ses doigts le long des murs, des grillages, et feignant d'admirer la diversité des herses qui protégeaient l'entrée des jardins et des maisons.

Ils étaient au centre du quartier résidentiel et croisaient des passants, rares et paisibles, que rassurait sans doute la présence immobile, au bout de la rue, d'une garde en uniforme profilée devant les grilles du palais.

Laura ralentit devant le portail d'une ambassade. Sous le drapeau que nul vent ne soulevait, des ouvriers en turban muraient une à une les fenêtres. Une automitrailleuse vint à leur rencontre. Le conducteur les salua de sa tourelle, se rangea sans hâte devant le palais de justice et alluma une cigarette. Laura se laissait guider, confiante.

*

« Je connais cette adresse. Je vais vous y emmener. » C'est ce qu'il avait dit quand, à bout de patience, après avoir énoncé d'une voix claire tous les renseignements qu'elle avait tirés de sa rencontre avec le chef des maquisards, n'entendant aucune réponse, aucune ponctuation en retour, sinon le jet violent de la douche, elle avait tiré le rideau et qu'il lui était apparu le visage levé vers l'impact liquide, bougeant très lentement la tête.

— Je connais cette adresse. Je vais vous y emmener.

Malgré le vacarme de l'eau sur ses yeux clos, il avait donc écouté, entendu.

— Je connais cette adresse. Je vais vous y emmener.

Il ne répéta pas cette phrase mais il sembla à Laura

que son écho, dépourvu de sens, se répercutait dans sa tête tandis que l'eau glissait sur cette peau pâle, ces épaules nerveuses, ce torse mince et musclé, ce ventre plat presque creux avant que ne le prolonge un long sexe mou. Elle lui toucha la hanche, là, juste en face d'elle, pour mettre fin à ce long, cet interminable pleur. A son contact il poussa un léger cri — de soulagement ? d'étonnement ? —, sa bouche dans son visage renversé s'ouvrit et l'eau trouva enfin un orifice où s'engouffrer. Il lui dit alors que oui, à cette adresse, il l'avait vue.

— Touchée ?

— Oui, touchée, pourquoi ? Oui... peut-être même touchée. Une main que l'on serre, une épaule que l'on frôle dans un escalier, que sais-je...

— Un escalier, quel escalier ? Quand ?

— Attends, attends, Laura... Un de ces derniers jours, il y a une semaine environ... et depuis tous les jours.

— Mais trouvée comment ? Qui t'a renseigné ?

— Personne, attends. En arpentant les artères autour de l'hôtel, j'ai bifurqué par hasard dans cette rue dont tu parles, derrière le palais de justice, et là je l'ai vue, oui... et même touchée.

— Pourquoi n'avoir rien dit ? Elle est défigurée, n'est-ce pas ? Des cicatrices ? gémit-elle.

— Aucune. Attends, bon Dieu, attends, Laura... Je l'ai d'abord aperçue de loin, reconnue, sa silhouette, ses cheveux, inchangée au contraire, semblable à toutes tes photos. Aperçue sur le seuil d'une maison, dans la rue.

— Une pute alors, un bordel?... éclata Laura.

Elle tremblait comme de fièvre, elle roulait des yeux gais, épouvantés, elle répétait :

— ... un bordel pour survivre, sans un rond, et toi, Simon, tous les jours ?

Il dut la secouer, la rasseoir sur la cuvette des w.-c. et la maintenir comme ça jusqu'à ce qu'elle se calme. Il fit non de la tête : non, non, non et non, et la regarda avec sévérité, jusqu'à ce qu'elle comprenne qu'elle faisait fausse route, loin, perdue dans un autre cauchemar.

— ... donc aperçue sur le seuil d'une maison blanche et haute, une maison à étages, des colonnades, des balconnets. Une sorte de petit palais, l'ancienne résidence du dictateur, en effigie sur toutes les cartes postales, transformée...

— En prison !

— En musée, Laura... Le musée de la Révolution devant lequel les gens se pressent. Des touristes, des écoliers, des émigrants de la plaine, de tout.

— Et Myriam parmi eux chaque jour ? Mais pourquoi ?

— Non, pas parmi eux. Devant eux. Accueillant, aidant, traduisant, guidant.

— Guide ?...

— Oui, guide dans le musée de la Révolution. Appointée par le nouveau gouvernement. Et toujours, à chacun, chaque groupe, le même texte, dans toutes les langues. Comme un disque rayé...

Il aurait voulu continuer, expliquer, prévenir.

Mais elle s'était redressée et c'était peut-être mieux ainsi. Il avait saisi sa main au passage. Elle s'était laissé faire.

*

Ils arrivaient maintenant devant la façade couverte de dorures et de lauriers entrelacés. Le portail était ouvert sur la rue. La visite avait commencé.

Laura se détacha de lui. Il la laissa s'avancer seule, guidée par une voix haute et calme qui, dans le lointain, ânonnait faits d'armes et victoires.

36

Ses pas résonnèrent sur le sol lisse, carrelé de fines mosaïques. Des pans de lumière bleutée filtraient à travers des vitraux et traversaient en diagonale la clarté ambiante. Des orantes de stuc blanc, dans des niches murales, se recueillaient çà et là. Laura eut l'impression de pénétrer dans une église. Le hall était si vaste et si haute la voussure centrale que l'écho s'emparait du moindre son, l'étirait, l'allongeait quelques fractions de seconde avant de le rendre, arrêté, sur une note brusque et feutrée.

— Dépêchez-vous, la retardataire. Rejoignez les rangs.

Laura reconnut la voix de Myriam. Elle n'eut ni le temps ni la force de faire un pas en arrière pour se cacher derrière une colonne. Elle leva les yeux et aperçut sa silhouette penchée à la balustrade, en haut de l'escalier monumental qui menait au premier étage. Myriam l'interpellait à nouveau de sa voix calme que l'écho dédoublait :

— Dépêchez-vous, voyons !

Elle était entourée d'une vingtaine de personnes qui

s'écartèrent, lui cédèrent le passage quand, après quelques vaines injonctions, elle se mit en marche vers Laura.

— Je ne peux pas vous laisser visiter seule. Rejoignez le groupe. Vous êtes française ?

Laura essaya vainement de répondre. Son menton traça dans l'air un signe furtif d'assentiment ; ses mains cherchèrent, dans son dos, le marbre de la colonne où s'appuyer. Le souffle court, elle économisait ses gestes et luttait pour que ses jambes continuent de la porter, pour ne pas tomber à genoux — de terreur et d'émerveillement. Du haut de cet escalier majestueux, Myriam lui apparaissait plus grande encore que dans son souvenir. Elle descendait vers elle en pointant ses pieds nus sur le marbre des marches, et ses cuisses soulevaient les longs plis de sa jupe, ceinturée à la taille par les pans d'une chemise d'homme. Son buste, ses épaules et sa tête, portés par le seul mouvement de ses jambes, semblaient immobiles tout au long de cette avancée. Elle frôlait au passage des statues d'albâtre qui bordaient la rampe de fer forgé. Longue et soyeuse, dorée par le soleil, elle rayonnait de force et de beauté. Sa chevelure broussailleuse, retenue au sommet de sa tête, retombait sur ses épaules larges. Une frange légère adoucissait son front haut. Elle ressemblait à nouveau à la jeune fille de la lettre, à celle qui ornait, dans son cadre clair, le bureau de Michel.

Quand elle posa son pied sur la dernière marche, glissa sur les rosaces du sol, Laura rejeta sa nuque en arrière et plissa instinctivement les yeux. Pour déformer sa vue, la brouiller, la fondre. Pour conjurer le temps, suspendre leur confrontation... Mais quelques secondes plus tard, elle reçut le choc d'un regard absent, comme vidé de raison, un regard qui l'enveloppait sans émotion, sans réagir...

— Myriam... ? murmura-t-elle, déconcertée.

Était-ce le contre-jour ? Le bleu de ses yeux, qui avait tant pâli, ne renvoyait pas la lumière.

— Myriam ! redit-elle plus fort, c'est moi, Laura...

Au son de sa voix, le regard inerte sembla s'éveiller. Myriam la dévisagea avec plus d'attention. Elle l'épiait, la jaugeait, indécise, vacillante au bord d'un mot, d'un geste qui ne venaient pas. Un espoir fou envahit Laura.

— Myriam, implora-t-elle à nouveau. Myriam, dis-moi que ce n'est pas vrai. Dis-moi que tu me reconnais. C'est moi, Laura.

Brusquement, Myriam l'enserra, pressa son corps contre le sien, sa joue à sa tempe. Chaude et vivante. Laura ne bougeait pas. Des sanglots silencieux montaient dans sa poitrine. Elle était une enfant que sa mère berçait. Le temps s'éternisait. Elle bénit, malgré elle, sous ses paupières closes, la mansuétude des cieux. Mais les mains insistantes de Myriam cherchaient, dans son dos, à séparer les siennes qu'elle gardait nouées contre la colonne blanche. Elle en sentait, sous ses phalanges, les contours cannelés. Elle ne résista pas quand Myriam, d'un geste net, s'en empara, les desserra et les étendit de part et d'autre d'elles deux, paumes ouvertes. D'un profil l'autre, elle les contempla avant de les laisser retomber. Laura s'accrochait à ses lèvres, le cœur battant. Le visage impénétrable se cisailla de rides malicieuses.

— J'ai cru que vous cachiez un appareil photo, c'est interdit. Je suis désolée, ajouta-t-elle dans un sourire insidieux, un sourire qui s'amusait de cette fouille rapide, de ce corps à corps insistant, de cet affront léger qu'elle venait d'infliger à cette jeune Française. Venez, suivez-moi, reprit-elle, je ne comprends rien à ce que vous racontez, je ne vous connais pas, mais venez... Laura ? c'est bien votre nom ?

Un infâme gargouillis, un bruit insistant de viscères parcourut le ventre de Laura. Le prix de son accident, c'était donc ça ! Une mémoire lisse, des visages effacés... Une main impérieuse l'entraîna dans un rire, comme on se saisit d'un enfant récalcitrant. Au cœur même de son amnésie, Myriam retrouvait cette autorité ludique qui, tout au long de sa vie, avait enchaîné autour d'elle les volontés.

Laura pensa qu'aujourd'hui encore, à l'autre bout du monde, malgré la profondeur des océans, l'arrachement du temps, un homme et une enfant tentaient, tant bien que mal, de s'inventer une vie que son absence dévorait... Elle se sentait elle-même à bout de forces, prête à retomber dans le même envoûtement, incapable de s'arracher à son emprise. Comme un automate, elle suivit cette femme, cette demi-folle qui irradiait encore une force étrange alors qu'une partie de son cerveau avait abdiqué.

Sa voix et ses gestes reprenaient sans mal possession des visiteurs. Laura se fondit dans leur groupe, feignit d'admirer, dans les salles du premier étage, au fil des présentoirs et des expositions, le périple des nouveaux gouvernants dans leur conquête du pouvoir. Mais elle continuait de guetter, malgré elle, un signe de reconnaissance sur le visage aimé. Les lèvres de Myriam s'appliquaient à ne rien oublier et quand, parfois, le silence s'installait entre deux phrases, Laura tremblait avec elle, en voyant ses yeux inquiets, ses sourcils froncés, sa concentration têtue pour retrouver le fil d'un texte appris qui soudain lui échappait. Elle aurait voulu lui souffler les mots, les phrases. Elle aurait pu le faire tant ils étaient convenus, évidents. Son discours, depuis le début de la visite, saluait pas à pas, naïvement, les signes d'émergence du nouveau pouvoir, le balbutiement d'une liberté précaire conquise sur un tyran médiéval et crapuleux. Une liberté défigurée par trop de sang et dont l'issue tremblait, dérapait… Myriam le savait-elle ? Non, sans doute. Quelque chose s'était brisé dans son cerveau. Elle n'avait plus pour passé et pour avenir que cette épopée statufiée dont le nouveau gouvernement, en récompense de services rendus, l'avait faite gardienne.

Sur ses lèvres appliquées, les mots se pressaient, trébuchaient. Elle disait les premiers tracts, les premières brochures interdites qui avaient fait naître dans l'ombre l'élan révolutionnaire. Elle disait le courage initial des chefs, leur jeunesse sacrifiée, visible là dans les portraits de groupe au milieu des paysans. Elle disait leur lourde responsabilité tandis que changeait leur apparence : les uniformes kaki s'alourdissaient peu à peu de galons et de passementeries quand ils posaient gravement au milieu de chefs d'États étrangers. Le groupe la suivait dans une autre salle et, de cette voix studieuse, ânonnante qui faisait tant souffrir Laura, elle décrivait alors l'évolution des armes exposées : les couteaux, les machettes, les boîtes de conserve bourrées de clous et de poudre qui servaient de grenades artisanales, les baïonnettes rustiques, les mitrailleuses prises à l'ennemi. Elle montrait, sur des clichés agrandis, les cadavres de la garde dictatoriale. Les morts du peuple, les morts au champ d'honneur occupaient à eux seuls un mur entier.

Autour d'elle, les visiteurs intimidés se taisaient, écoutaient. Mais leurs yeux, vifs ou voilés, caressaient en rapaces le faste des lieux qui les étonnait bien davantage. Les plafonds peints, les allégories des vitraux, les atlantes et les cariatides soutenant d'imposants miroirs, les dalles de marbre, les dorures des fenêtres, toute cette profusion de richesse, ce luxe disparate qu'un homme avait accumulé en vrac à son seul profit les rendait muets, les étourdissait. Nulle question ne sortait de leurs bouches et ils restaient serrés les uns contre les autres. Quand un enfant s'échappa de la poigne paternelle et chevaucha dans un coin de la salle un lion de bronze ailé, un murmure de réprobation s'éleva. Mais le guide blond laissa faire et ne sembla même pas noter ce léger sacrilège.

Laura continuait de la regarder avec anxiété : Myriam s'appuyait maintenant au mur tandis que de fines gouttelettes de sueur perlaient à ses tempes. L'étoffe d'un drapeau, déchirée, trouée de balles, détachée de sa hampe, s'allongeait, clouée sous le verre d'un présentoir de fortune. Tout entière tendue, concentrée, elle faisait un dernier effort de mémoire pour raconter l'entrée victorieuse de cet étendard populaire dans le palais du dictateur ; elle luttait de toutes ses forces pour réciter les dernières phrases que son esprit maîtrisait encore. Quand elle en fut venue à bout, elle ferma les paupières et un sourire de répit recomposa ses traits.

Elle découvrit alors le dos tourné des *campesinos* faisant cercle autour de l'enfant et traversa le groupe pour s'asseoir près du jeune cavalier sur le lion ailé ; elle caressa sa tignasse, puis chacun de ses bras belliqueux qui frappaient la crinière dorée.

Laura la vit reprendre son souffle. Quand l'enfant se fut calmé et adossé contre elle, des exclamations ravies fusèrent et une question revint :

— Tu as des petits ? Un mari ?

— Pourquoi ? répondit-elle en riant. Tu veux m'épouser ?

Bientôt elle précéda vers la sortie un brouhaha conquérant. Toute contrainte avait disparu des gestes des visiteurs ; les lustres surtout aimantaient leurs doigts curieux.

— Oui, affirmait Myriam, tout cela vous appartient maintenant... Des rires incrédules et moqueurs lui répondaient. Elle ne s'en souciait guère. Les enveloppant de son regard bleu et vide, elle les poussait vers la sortie. Certains l'aidèrent à écarter le lourd portail du jardin ; tous la touchèrent au passage pour lui dire au revoir. Myriam ne les regarda pas disparaître. Son regard semblait chercher quelqu'un, attendre quelque chose.

Laura, près d'elle, ne se décidait pas à s'éloigner ; elle aurait voulu lui poser une dernière question, lui parler de la lettre. Elle ne s'y décidait pas. C'était doux et douloureux, ce détachement qui l'envahissait, cette impression de desserrer ses mains si longtemps crispées sur une histoire qui n'était pas la sienne. Devant le visage de cette femme qu'elle avait tant aimée, ce visage oublieux qui ne s'ancrait plus dans le regard, elle s'interrogeait avec une indifférence nouvelle : son cerveau était-il encore capable, dans un sursaut d'automate, d'envoyer un signe à son passé ? Une vague curiosité montait en elle, si légère pourtant qu'elle cherchait ses mots et les trouvait tous indécents. Elle ouvrit les lèvres pour lui dire adieu. Mais Myriam s'était détournée.

— Ah ! souffla-t-elle d'une voix enjouée, voilà mon amoureux.

Laura aperçut alors Simon, adossé à une grille en face. Bras croisés, il les fixait sans sourire. Il se redressa lentement à leur approche.

— Vous n'êtes pas venu aujourd'hui, prononça Myriam d'une voix languide, en remontant sur sa nuque quelques cheveux blonds.

Le regard de Simon suivit son bras gracieux, son geste long. Il dit que non, dans un bref arrondi des lèvres. Dans le silence qui les enveloppa tous les trois, la voix de Myriam s'éleva à nouveau, aérienne, charmeuse :

— Vous avez posté ma lettre ?

Laura crut n'avoir pas bien compris. Le regard de Simon la fuyait. Il mit du temps à répondre ; d'un air contraint il passa une main blanche dans ses cheveux et finit par acquiescer :

— Ça n'a pas été sans mal. Le tremblement de terre a fait beaucoup de dégâts : des maisons détruites... effondrées... des sans-abri. Les premiers secours ont du mal à se frayer un chemin. Il y a des dizaines de morts. Peut-être plus...

— Mais vous l'avez postée ? s'enquit sèchement Myriam.

Simon tressaillit et sembla reculer. Laura vit apparaître sur ses traits une expression douce, désarmée, qui ressemblait à de la pitié. Il répéta qu'il l'avait fait et Myriam alors parut tout à fait rassurée. Une détonation dans le lointain des faubourgs — des restes de murs sans doute que l'on faisait sauter avant l'écroulement — ne la fit même pas sursauter.

— Je vous fais confiance, murmura-t-elle, désinvolte.

La main glacée de Simon avait saisi celle de Laura. Il regardait monter une épaisse fumée noire. Myriam se pencha vers lui, l'embrassa tout près des lèvres. A ce contact, Laura le vit fermer les yeux.

— Vous reviendrez demain, souffla-t-elle.

Elle n'interrogeait pas. Ou à peine. Ou si peu.

Sans réfléchir, sans contrôler l'éclat brisé de sa voix, Laura cria que non, qu'il ne viendrait pas. Myriam la fixa alors avec curiosité. Elle découvrit ensuite leurs mains liées et parut chercher quelque chose, loin, très loin dans sa mémoire... Il sembla à Laura qu'il n'y avait pas de douleur plus grande que le visage tourmenté de cette femme, ses yeux égarés, sa concentration inutile...

Brusquement, elle renonça. D'un mouvement d'épaules, elle fit voler ses cheveux et se détacha d'eux. Elle traversa la rue de son pas dansant, rejoignit le portail du musée qui émit un chant aigu quand, dans un effort de tous ses muscles, elle le referma derrière elle.

Laura leva les yeux sur Simon qui restait immobile, sa main refermée sur la sienne. Tourné vers Myriam, il était livide et ses lèvres tremblaient :

— Là-haut, dans sa chambre, il y a des centaines de copies de la lettre... Elle ne sait plus à qui elle est adressée... Elle ne sait pas pourquoi elle l'a ronéotypée... Elle sait seulement qu'elle doit l'envoyer le quinze de ce mois et tous les autres mois...

Dans sa chambre, pensa Laura le cœur serré, dans sa chambre... mais qu'y faisait-il ?

— Pourquoi... pourquoi l'as-tu postée aujourd'hui, à sa place ?

— Parce qu'elle me l'a demandé.

Il y avait sur son visage les signes d'un éblouissement qu'elle reconnaissait, d'une allégeance qui l'avait quittée. Laura le regarda avec effarement... C'était son tour ?... Elle aurait voulu rire et n'y parvint pas. Elle arracha sa main de la sienne et se mit à courir le long des grilles et des murs blancs, sur le trottoir égal.

En arrivant près de l'hôtel, elle ralentit, hors d'haleine, la main au côté. Le cœur au bord des lèvres, elle s'assit par terre pour reprendre souffle. Les coudes sur les genoux, la nuque courbée, elle fixa sans le voir le sol entre ses pieds. Un avion à réaction déchira le ciel ; elle ne leva pas les yeux. Ce n'était pas la peine. Ses parents étaient morts. Son père, sa mère et Jérôme. Nulle trace. Et personne ne les lui rendrait. Elle l'acceptait enfin. Elle était seule.

Elle entendit les pas de Simon approcher. Son ombre portée dessina sur le bitume, devant elle, les contours déformés de son corps. Le long des infimes brillances, des minuscules aspérités du sol, elle suivit des yeux avec attention la lisière de l'ombre et de la lumière. Elle bougeait, se déplaçait de façon imperceptible. Elle eut envie de la toucher ou de la saisir dans un objectif.

Laura Flamine essaya alors de se rappeler où elle avait bien pu égarer son appareil photo.

Achevé d'imprimer en août 1986
sur presse CAMERON,
dans les ateliers de la S.E.P.C.
à Saint-Amand-Montrond (Cher)
pour le compte des éditions Grasset
61, rue des Saints-Pères, 75006 Paris

N° d'Édition : 7080. N° d'Impression : 1953-1287.
Première édition : dépôt légal : août 1986
Imprimé en France

ISBN 2-246-37711-0

